Marita Hennig

Autogenes Training

Ruhe und Kraft im Alltag

Dolcefarniente – eine Anleitung zum süßen Nichtstun

midena

Inhalt

Autogenes Training – was ist das eigentlich?

Die Seele wirkt auf den Körper

Der Einstieg – so gelingt er Ihnen

Die Übungen des Autogenen Trainings

Zusatzübungen und Leitsätze

Autogenes Training für Kinder

Ein paar Gedanken zu Beginn

Durch den Erwerb dieser Buch/CD-Kombination haben Sie sich auf den Weg gemacht, den nebenstehenden Gedanken ernst zu nehmen. Zweck dieses Buches ist es, Ihnen Anregungen zu geben, Stress auslösende Momente in Ihrem Leben aufzuspüren und zu neutralisieren. »Wie kann ich meinen Stress unwirksam machen?«, denken Sie jetzt vielleicht. Ich möchte das an einem Beispiel verdeutlichen: Belladonna ist das Gift der Tollkirsche. Es wird in der Medizin eingesetzt und wirkt in konzentrierter Form tödlich. Verdünnt man es, kann es Fieber und Infektionen heilen.

Die Aufmerksamkeit
das Verständnis
die Geduld
die du dir verweigerst
kann dir niemand
ersetzen
Bodo Rulf

Was hat das nun mit Stress zu tun? Komprimiert wirkt Stress schädlich und macht krank an Körper und Seele, »verdünnt« kann Stress anregend und anspornend sein. Diese Umstellung von konzentriertem auf verdünnten Stress geschieht in erster Linie durch eine Neugestaltung eingefahrener Gedankenmuster und den Abbau selbstschädigender Verhaltensweisen. Eine Methode, unsere Gesundheit als wertvollsten Besitz zu erhalten, ist das Erlernen des Autogenen Trainings.

Die Balance zwischen An- und Entspannung

In einer Zeit von Automatisierung und Technisierung, übersteigertem Leistungsstreben und Konkurrenzverhalten ist unser natürlicher biologischer Rhythmus zwischen Spannung und Entspannung aus dem Gleichgewicht geraten. Das Ergebnis sind nervöse Leiden wie: Herz- und Kreislaufstörungen, Magen- und Darmbeschwerden, depressive Verstimmungen, Angstzustände, Schlafstörungen und vieles mehr. Die Verlegenheitsdiagnose lautet dann meist: Vegetative Dystonie. Dahinter verbergen sich funktionelle Störungen, die jedoch keinen organischen Hintergrund haben. Trotzdem können die eigene Leistungsfähigkeit und Lebensfreude durch diese seelischen Störungen, die sich in körperlichen Symptomen äußern, deutlich beeinträchtigt sein. Viele Menschen überlassen die Behandlung dieser Symptome einzig ihrem Arzt. Sie hoffen auf ein Wundermittel, das es in der Regel nicht gibt. Betäuben und Ruhigstellen mit Medikamenten hat bei diesen Diagnosen keine Heilwirkung. Durch das Erlernen des Autogenen Trainings übernehmen Sie Mitverantwortung für Ihre körperliche und seelische Verfassung und können Ursachen für viele Beschwerden erkennen und verändern.

Obwohl sich unser Staat an vorbeugenden Gesundheitsverfahren nicht mehr finanziell beteiligt, erfreuen sich Kurse im Autogenen Training immer größerer Beliebtheit. Ein geschärftes Bewusstsein und eine gesunde Sorge um das eigene Wohlbefinden haben deutlich zugenommen.

Erhöht Wohlbefinden und Lebensfreude

Wenn Sie gesund sind, können Sie das Autogene Training nutzen, um Körper, Geist und Seele zu stärken. Eine häufig gestellte Frage meiner Kursteilnehmer: »Eigentlich bin ich gesund und nur neugierig, was hinter dem AT steckt. Meinen Sie, ich kann trotzdem von dem Verfahren profitieren?« Die Antwort liegt auf der Hand: Natürlich! Wenn Sie gesund und stressfrei in Urlaub fahren, können Sie sofort den ersten Tag genießen. Sind Sie gestresst oder gar krank, dauert es etwas länger, bis Sie sich wirklich erholen können.
Genauso ist das mit dem Erlernen des Autogenen Trainings. Sie gehören in diesem Fall zu den glücklichen Menschen, die ihre Gesundheit und ihr Wohlbefinden mit Hilfe des Autogenen Trainings auf noch sicherere Füße stellen.

Erfolgreich als Zusatztherapie

Sind Sie durch bestimmte Lebensumstände körperlich erkrankt, sei es durch ein chronisches Leiden oder eine vorübergehende akute Erkrankung, ist es in jedem Fall ratsam, mit Ihrem Hausarzt die Teilnahme an einem Selbstkurs Autogenes Training abzusprechen. Hat Ihre Seele durch persönliche Lebenseinschnitte Risse bekommen, sollten Sie ebenfalls Ihren vertrauten Arzt oder Psychotherapeuten um Rat fragen. Denn ob sich hinter einer vorhandenen Atemstörung eine Allergie versteckt oder das Stolpern Ihres Herzens mehr bedeutet als die Antwort auf Ihre momentane Stresssituation, kann nur der behandelnde Arzt gemeinsam mit Ihnen entscheiden. Aber zu Ihrer Beruhigung etwas Erfreuliches: Fast alle körperlichen und seelischen Erkrankungen erfahren durch das Erlernen des AT positive Impulse. Bestimmt gehören Ihre Beschwerden auch dazu.

Autogenes Training – was ist das eigentlich?

Das Autogene Training ist ein eigenständiges Psychotherapieverfahren. Die Auswirkungen der Übungen lassen sich alle wissenschaftlich nachweisen. Mit Esoterik hat das Autogene Training jedenfalls nichts zu tun – zur Erleichterung der Skeptiker …

Der Einstieg mit diesem Buch

Sind Sie neugieriger Laie, werden Sie mit Hilfe dieses Buches den Zugang zum Autogenen Training bekommen. Wenn Sie sich genau an die Übungsabfolge halten und bei auftretenden Schwierigkeiten nicht so schnell aufgeben, erlernen Sie das Autogene Training auf diese Weise. Es kann auch sein, dass Sie Ihre selbstständig erarbeiteten Erfahrungen zu einem späteren Zeitpunkt in einem Kursus festigen möchten. Oder Sie benutzen das Buch als Begleitlektüre zu einem laufenden Kurs. Wenn Sie das Autogene Training schon einmal erlernt, es aber aus den Augen verloren haben, werden Sie sich mit Hilfe dieses Buches wieder gut einstimmen.

Auch wichtig – die theoretischen Grundlagen

Im ersten Teil des Buches finden Sie allgemeine Überlegungen zum Thema Gesundheit. Ich möchte Sie dadurch anregen, über Ihre eigenen Möglichkeiten zur Gesundheitsvorsorge nachzudenken und positive Veränderungen anzustreben. Wenn Sie sich zunächst eine theoretische Grundlage erarbeiten, kann das sehr sinnvoll sein und zu besserem Verständnis beitragen.
Vielleicht sind Sie aber eher ungeduldig und möchten sofort mit den praktischen Übungen beginnen. Das geht natürlich auch, entscheiden Sie nach Ihrem Gefühl.

Wenn Sie sofort mit den Übungen beginnen möchten, können Sie jederzeit im Buch nachschlagen und Ihre »theoretische Ausrüstung« vervollständigen.

Die Übungen bauen aufeinander auf

Im zweiten Teil des Buches sind die Grundübungen des Autogenen Trainings in ihrem gesamten Ablauf beschrieben. Während Sie bei der Vorgehensweise mit dem Buch freie Wahl haben, sollten Sie sich jedoch unbedingt an die vorgeschriebene Reihenfolge der Übungen halten, es sei denn, es ist etwas anderes angegeben. Warum? Die Übungen des Autogenen Trainings und ihre harmonisierende Wirkung basieren auf jahrzehntelangen Erfahrungen.
»Nicht alles, was althergebracht ist, ist auch gut«, denken Sie vielleicht. In diesem Fall unbedingt. Die Erfahrungen des Autogenen Trainings werden immer wieder auf den neuesten Stand der Wissenschaft hin überprüft und gegebenenfalls auch verändert. In den Umschlaginnenseiten des Buches finden Sie Sätze, die Sie als Leitsätze (siehe Seite 78ff.) benutzen können, wenn Sie Ihnen gefallen. Haben Sie meine CD mit erworben, finden Sie am Ende des Buches hilfreiche Hinweise zu ihrem Gebrauch.

Hinweis !

Im folgenden Text werde ich den Begriff – »Autogenes Training« – häufig durch das Kürzel AT ersetzen, um Platz zu sparen.

So funktioniert die Methode

Vergleicht man die Anfänge des Autogenen Trainings mit dem heutigen Stand, sind erstaunlich wenig Veränderungen zu verzeichnen. Ein gutes Zeichen für die Wirksamkeit der Methode!

Ich zerlege den Begriff Autogenes Training zum besseren Verständnis einmal in seine Einzelteile. Autos bedeutet so viel wie selbst, gen so viel wie werden, trainieren ist ein anderes Wort für üben. Zusammengefügt bedeutet Autogenes Training also: Zu sich selbst finden durch Üben.

Die Anfänge des AT gehen wohl schon auf das Jahr 1910 zurück. Während dieser Zeit beschäftigte sich der Begründer des AT, der Berliner Nervenarzt Prof. Dr. Johannes H. Schultz, sehr intensiv mit hypnotischen Studien. Hypnose ist ein dem Schlaf ähnlicher Ruhezustand, der durch Fremdbeeinflussung hergestellt wird. Die Abkehr von äußeren Eindrücken, die Entspannung der Körpermuskulatur und der Blutgefäße sind wesentliche Merkmale der Hypnose.

Schultz machte die interessante Beobachtung, dass es Versuchspersonen gab, die sich ohne sein Einwirken in einen Zustand versetzen konnten, der messbar dem der Hypnose gleich war. Die Versuchspersonen berichteten von einem wohligen Ruhezustand, von Schwere in den Gliedmaßen und einem angenehmen Kribbeln in den Gefäßen.

Aus der Hypnose entwickelt

Dieser Erkenntnis folgend entwickelte Schultz das Autogene Training. Es handelt sich bei dem AT also um ein Verfahren, das aus der Hypnose entstanden ist, man könnte sagen, ein eigenständiger »Ableger« der Hypnose. Das AT ist eine höchst effektive Methode, einen Zustand der Entspannung und Versenkung selbstständig (autogen) herbeizuführen. Durch bewusste Konzentration auf den eigenen Körper entsteht ein Gefühl tiefer Ruhe, und der gesamte Organismus kann sich erholen.

Manchmal wird das AT deshalb auch als konzentrative Selbstentspannung bezeichnet. Es geht also im AT nicht nur um Entspannung, sondern auch um eine Sammlung der Aufmerksamkeit, um die Schulung der Konzentration.

Die Balance von An- und Entspannung

Entspannung lässt sich nicht von ihrem Gegenspieler Spannung trennen. Alles Menschliche, alles Lebendige steht in diesem Wechselverhältnis.

Mit Hilfe des AT werden Sie in eine gesunde Balance zwischen Spannung und Entspannung zurückfinden. Durch diese Wiederherstellung des inneren und äußeren Gleichgewichtes finden Sie zu mehr Gelassenheit. Konflikte und Alltagsprobleme werden aus einer gelassenen Grundhaltung heraus gelöst. Schädliche »Restablagerungen« auf Körper und Seele werden so vermindert.

Das AT erreicht den gesamten Menschen, seine beruhigende und vitalisierende Wirkung überträgt sich auf Körper, Geist und Seele. Durch mentale (geistige) Schulung wird das Verhalten des Organismus beeinflusst, »die Seele wirkt auf den Körper«.

Das Bewusstsein bleibt hellwach

Alles, was Sie während der AT-Übungen erleben, ist Ihrem Bewusstsein zugänglich. Manchmal schlafen Anfänger zwar zu Beginn des AT ein, das verliert sich aber mit zunehmenden Verständnis der Methode. Sie merken wahrscheinlich jetzt schon, dass das AT ein sachliches Verfahren ist, bei dem alle Veränderungen, die Sie körperlich wahrnehmen sollten, erklärbar sind. Der Weg verläuft dabei ausschließlich über Sie selbst. Wenn Sie etwas nicht wollen, brauchen Sie es einfach nicht zu tun.

Alles Störende wird ausgeschaltet

Es handelt sich beim AT um eine Bewusstseinseinengung mit besonderer Zuwendung zu bestimmten Inhalten. Ein Beispiel: Achten Sie einmal einen Moment lang auf Ihre Atmung. Wie atmen Sie gerade? Tief oder flach? Ruhig oder schnell? Für diesen Augenblick stand Ihre Atmung im Vordergrund Ihrer Aufmerksamkeit. Natürlich ist alles andere auch noch da: die Verspannungen im Nacken, der ruhige Herzschlag, die streitenden Kinder, das vorbeifahrende Auto ..., aber für den Moment der Konzentration auf die eigene Atmung nehmen die anderen Geschehnisse eine untergeordnete Rolle ein. Das ist ein wesentliches Ziel des AT. Durch die Ausblendung all der vielen Dinge, die nicht in den gewünschten Fokus (= Atmung beobachten!) gehören, steht Ihre Atmung an erster Stelle.

Selbstbeeinflussung durch Konzentration

Im AT finden Sie durch regelmäßiges Hinwenden und Üben zu einer tiefen körperlichen und seelischen Entspannung und Erholung. Diese Umschaltung, das heißt die physische und psychische Reaktion auf die selbstentspannenden Übungen des AT, gelingt immer rascher. Das ist nichts Neues. Wenn Sie etwas beherrschen, etwa Gitarre spielen, können Sie, wenn Sie eine Gitarre in die Hand bekommen, überall spielen, ohne große Vorbereitung.

Genauso ist das mit dem AT. Auch Sie können sich beeinflussen, wenn Sie sich auf eine Sache konzentrieren. Sie sind noch nicht ganz davon überzeugt? Dann machen Sie auf jeden Fall die nachfolgende Übung zu Ihrer Bestätigung.

Verlieren Sie einmal das Selbstvertrauen in die Übungen des AT, kann die »Zitronenübung« als ein »Beweismittel« für seine Wirksamkeit herangeholt werden.

Die »Zitronenübung«

- Es gibt eine Vielzahl von Vorversuchen, die ihre eigene Fähigkeit der Selbstbeeinflussung = Autosuggestion eindrucksvoll unter Beweis stellen. Das eigene Vertrauen in die Wirkung des Autogenen Trainings lässt sich durch solche Versuche deutlich steigern. Entweder lesen Sie nun selbst weiter oder geben für diesen Versuch das Buch jemanden, der Ihnen den nachfolgenden Text langsam vorliest.
- »Schließe deine Augen und stelle dir vor, vor dir auf einem Tisch liegt eine wunderschöne, saftige, gelbe Zitrone. Zerschneide nun diese Zitrone in deiner Vorstellung mit einem Messer in zwei Hälften. Die Zitronenhälfte, die dir besonders gut gefällt, nimmst du in eine Hand. Führe nun ganz langsam und genüsslich die Zitronenhälfte an dein Gesicht. Betrachte die Zitrone, rieche daran, berühre das Stück Zitrone mit deinen Lippen und mit deiner Zunge. Zunächst vorsichtig – und jetzt beiße fest in die Zitrone hinein.«
- Schade, dass ich Sie nicht sehen konnte! Die bloße Vorstellung, in die Zitrusfrucht zu beißen, hat bestimmt vermehrten Speichelfluss zur Folge gehabt, oder ist Ihnen die »Spucke weggeblieben«?

Die Vorstellungskraft lenkt

Diese Visualisierungsübung hat Ihnen gezeigt, dass Sie in der Lage sind, unwillkürliche Reaktionen des Körpers (Speichelfluss) allein durch Ihre Vorstellungskraft in Gang zu setzen. Bei der Wahrnehmung oder Vorstellung von Bewegungen entstehen ebenfalls Bewegungsimpulse, die sich in Ihrem Körper widerspiegeln. Das Zuschauen beim Sport liefert den Beweis.

- Beobachten Sie einmal die Zuschauer bei einem Tennismatch. Ihre Köpfe bewegen sich gleichmäßig hin und her, je nach Ballbewegungen, ein Zeichen, dass sie bei der Sache sind. Befindet sich unter den Zuschauern eine Dame, die lediglich ihren neuen Hut zur Schau tragen will, aber am Tennis nicht interessiert ist, werden Sie keine Kopfbewegung feststellen.
- Als Fußballfan werden Sie beim 1:0 für Ihre Mannschaft je nach Temperament hochspringen, oder das Blut schießt Ihnen vor Freude ins Gesicht. Finden Sie diese Sportart eher langweilig, wird auch diese Einstellung in Ihrem Körper zum Ausdruck kommen, vielleicht durch einen gelangweilten Gesichtsausdruck.
- Stellen Sie sich als letztes Beispiel vor, Sie sitzen als Beifahrer in einem Auto. Es kommt zu einer brenzligen Situation im Straßenverkehr. Automatisch bremsen Sie mit, obwohl Sie über kein Bremspedal verfügen. Allein das intensive Mitverfolgen des Verkehrs hat Ihre Beine in Bewegung gesetzt.

Durch die eintretende Entspannung schaltet der gesamte Organismus auf Ruhe und Erholung um. Diese Umschaltung erlaubt es, Gesundes in Ihrem Körper zu stärken und Ungesundes zu mindern oder abzustellen.

Loslösen vom Alltagsstress

Warum so viele Beispiele? Wenn Sie die Fähigkeit in sich entdeckt haben, dass Sie sich selbst beeinflussen können, ist ein wichtiger Grundstein zum Erlernen des AT gelegt. Die Wirkung der AT-Formeln beruht genau auf diesem Prinzip. Bei der intensiven gedanklichen Vorstellung, z. B. von Ruhe und Muskelschwere, tritt dieser Zustand automatisch nach und nach ein. Die konzentrative Selbstversenkung des Autogenen Trainings hat den Sinn, sich mit Hilfe der vorgeschriebenen Übungen innerlich immer mehr von Alltagssorgen, Stress und Angst zu lösen.

Ziele und Möglichkeiten

Die Möglichkeiten und Zielsetzungen des AT sind äußerst vielfältig, wobei das Spektrum der Anwendungsmöglichkeiten des AT dank der neuesten Forschungsergebnisse immer mehr erweitert wird. Mit dem Erlernen des AT können Sie vieles erreichen.

Unnötige Affekte zu beseitigen bedeutet nicht, Ihre Gefühle zu unterdrücken, denn dann haben Sie einen Dampfkessel, der irgendwann explodiert. Im Gegenteil, durch einen gelasseneren Umgang z. B mit Ärger und Aufregung haben Sie ja mehr Freiraum für andere Empfindungen, die Energie wird lediglich gesünder verteilt.

Vertiefte Erholung in kurzer Zeit

Wenn Sie autogen trainiert sind, hat ein intensives AT einen hohen Erholungswert. Zählen Sie sich zu den Menschen , die sehr häufig wechselnden Situationen am Arbeitsplatz oder in der Familie ausgesetzt sind, werden Sie das AT zu diesem Zweck zwischendurch einsetzen und als sehr wohl tuend erleben.

Ersetzt das Beruhigungsmittel

Das bedeutet: kein krampfhaftes Zusammenreißen mehr, sondern inneres Loslassen. Sie gewöhnen sich einfach ungesunde Aufregung und Ärger ab. Aber Sie kämpfen das Gefühl nicht nieder wie einen Feind, denn das wäre ja eine enorme Anspannung, sondern Sie beseitigen die störenden Begleiteffekte der Erregung. Dazu gehören zum Beispiel das Zittern Ihrer Muskeln (Ihre Muskeln müssen nur dann zittern, wenn Sie zehn Stunden Steine geschleppt haben), eine zu schnelle Atmung (schnell atmen sollten Sie nur, wenn Sie aus der Puste sind) oder der schnelle Herzschlag (Ihr Herz darf schneller schlagen, wenn Sie verliebt sind oder wenn Sie Ihre Kondition testen möchten).

Einfluss auf »unwillkürliche« Körperreaktionen

Ein Ziel des AT ist es, den gesamten Organismus auf Ruhe umzustellen, also auch die Bereiche unseres Körpers, die unserem Willen nicht unterstellt ist. Das klingt unwahrscheinlich, aber Sie können es – mit der »Zitronenübung« auf Seite 10 haben Sie es bereits ausprobiert. Alle Funktionen, die unserem Willen unterliegen, haben wir im Laufe unserer Entwicklung einmal erlernt. Denken Sie an das aufrechte Gehen, das Schreiben von Wörtern, das Lernen einer Sprache usw. Aber keine Sorge, die Beeinflussung Ihrer unwillkürlichen Körperreaktionen dauert nicht so lange wie das Erlernen einer Fremdsprache. Der Zugang oder die Verbindung beispielsweise zu unseren unwillkürlich arbeitenden Organen ist durch unsere Nerven gegeben. Die Nerven zu beeinflussen werden Sie im Autogenen Training lernen, also nehmen wir über diesen Weg Kontakt zu unserem Organsystem auf und lernen, unsere unwillkürlichen Reaktionen positiv zu beeinflussen. Klingt einfach – ist es auch.

Leistungssteigerung und Verbesserung der Konzentration

Autogenes Training kann nicht mehr aus Ihnen herausholen, als in Ihnen steckt. Aber das ist eine ganze Menge. Sie kennen sicher folgenden Ablauf: Viele wichtige Dinge liegen an, alles muss unbedingt erledigt werden, möglichst schon fertig sein. Hektik, Zerfahrenheit und Spannung sind das Resultat dieser Anhäufung von Aufgaben. Durch die erlernte Ent-Spannung im AT behalten Sie den Überblick oder gewinnen ihn wieder zurück. Abgearbeitet werden muss trotzdem, aber aus der Ruhe heraus geschieht jeder Arbeitsvorgang konzentrierter, es treten weniger Fehler auf, die Energie wird optimal eingesetzt. Die leistungssteigernde Wirkung des AT beruht also in erster Linie auf einem Ausschalten von Fehlern und Störungen, welche die Leistung beeinträchtigen. Sie haben den Kopf frei für die gestellte Aufgabe. In Prüfungssituationen ist diese Vorgehensweise, neben dem Erlernen des Prüfungsstoffes, die wichtigste Voraussetzung zum Bestehen.

Sie verbessern Ihre Konzentration, indem Sie störende äußere und innere Reize ausblenden: Geräusche oder Bewegungen, die nicht in den gestellten Fokus gehören, werden unwichtig; eigene Fehleinstellungen, zum Beispiel »das schaffe ich nie«, »die Zeit ist zu knapp bemessen«, »ich habe alles vergessen«, treten bei einem autogen Trainierten gar nicht mehr auf.

Selbstkritik und Selbstkontrolle

Wer sich in der Versenkung kritisch hinterfragt und sein Lebensmuster überdenkt, kann so manchmal zum eigenen Therapeuten werden und schädigendes Verhalten selbst verändern. Die Feststellung, dass das Annehmen professioneller Hilfe der richtige Weg zur Veränderung ist, kann ebenfalls das Ergebnis einer kritischen, aber wohlwollenden »Innenschau« sein.

Weniger Schmerz – besserer Schlaf

Mit jedem Schmerz gehen vegetative Veränderungen einher, wie schnelle Atmung und Herzschlag, Schweißausbrüche, Blässe usw. Diese Erscheinungen lassen sich mit dem AT rückgängig machen. Ebenso ist ein Warm- oder Kühlstellen der schmerzenden Stelle durch AT möglich.

Für das Auftreten von Schlafstörungen ist meist ein Zusammentreffen mehrerer Faktoren erforderlich. Wir richten zu viel Aufmerksamkeit auf gelegentliche Schlafstörungen und rechnen damit, dass sie wiederkommen. Nach dem Motto: Gestern schon habe ich so schlecht geschlafen, sicherlich wird es auch diese Nacht so sein. Wir liefern uns dem Schlaf nicht mehr aus, sondern fangen an zu registrieren und zu kontrollieren. Das Ergebnis ist eine Zunahme der Schlafstörungen. Das AT kann mit seinen selbstentspannenden Übungen diesen Teufelskreis durchbrechen. Kursteilnehmer berichten häufig schon nach kurzer Zeit von besserem, tieferem Schlaf, die Schlafdauer kann dabei ohne weiteres verkürzt sein, aber die Qualität des Schlafes wird verbessert.

Mehr Konzentration gewinnen

Der Psychiater P. Dubois sagt treffend: »Der Schlaf ist wie eine Taube. Wenn du die Hand ruhig ausstreckst, kommt sie herbei und lässt sich darauf nieder, wenn du sie aber ergreifen willst, fliegt sie davon.« Leitsätze zu Schlafstörungen finden Sie auf den Umschlaginnenseiten.

»Ich kann mich nicht konzentrieren!«, eine häufige Aussage von Kursteilnehmern im AT. Die meisten scheitern an ihrem eigenen, zu hohen Anspruch, oder es liegt ein ungenügendes Verständnis dafür vor, was Konzentration ist. Wir unterscheiden im Folgenden zwei Arten von Konzentration.

Sich »hineinstressen« oder locker bleiben

Erstens: Konzentration als die aktive Hinwendung der Aufmerksamkeit auf bestimmte Objekte. Alles, was nicht zum Objekt gehört, wird ausgeschaltet. Beispiel: Die Katze vor dem Mauseloch. Alle Sinne der Katze sind voll konzentriert auf den entscheidenden Sprung. Nichts anderes ist im Blickfeld der Katze. Diese Art der aktiven Konzentration ist willentlich, sehr leistungsbetont und eher

stressanfällig. Sicherlich erinnert Sie diese Beschreibung eher an unangenehme Situationen und Aufgaben wie: »Bringe es auf den Punkt«, »Ich muss mich sammeln, sonst schaffe ich meine Aufgabe nie«. Keine Sorge, diese aktive Konzentration wollen wir im AT natürlich nicht erlernen.

Passive, gleichschwebende Konzentration ist das Zauberwort beim Erlernen des AT. Denken Sie dabei einmal an Ihre Lieblingsbeschäftigung, vielleicht Musik hören, Angeln, Lesen etc. Sie sind ganz (mit Körper, Geist und Seele) bei der Sache, alles um Sie herum fällt eher zufällig in Ihr Wahrnehmungsfeld. Das Wichtigste dabei: Sie tun etwas, ohne sich willentlich anzustrengen. Sicherlich erleben Sie nach solchen Beschäftigungen jede weitere Anforderung an sich als nicht mehr ganz so belastend, können Aufgaben konzentrierter angehen, sehen nicht mehr alles so eng.

Ablenkungen nicht bekämpfen

Jeder kann diese passive Form der Konzentration erlernen. Vielleicht müssen Sie nur in einigen Dingen umdenken. AT-Übende versuchen oft beim Auftreten von Ablenkungen aktiv gegen diese anzugehen. Leider eine sichere Methode, Störungen nicht loszuwerden. Eine Weisheit aus dem Yoga besagt, wenn die Gedanken wie »eine Horde Affen im Mangobaum« herumspringen, kümmert man sich einfach nicht darum, sondern führt seine Aufmerksamkeit wieder gelassen auf die anstehende Aufgabe zurück. Wenn wir auch die Umstände nicht ändern können, wie Geräusche, Bewegungen, Gespräche, Telefon etc., besitzen wir doch die wundervolle Fähigkeit, unsere Einstellung zu den vorhandenen Umständen zu verändern.

Spezialtipp !

Verfahren Sie nach dem Motto: »Ich höre zwar noch dies oder jenes, doch es soll mich nicht stören, jetzt bin ich selbst (die AT-Übung, das geführte Telefonat, das gemeinsame Mittagessen…) viel wichtiger.«

Die Aufmerksamkeit teilen

Aber wie funktioniert das? Um eine Störung, zum Beispiel während einer AT-Übung, loszuwerden, müssen Sie Ihre Aufmerksamkeit teilen. Sie nehmen die Störung wahr (z.B. ein vorbeifahrendes Auto) und schenken ihr einen »kleinen Teil« Ihrer Aufmerksamkeit. Wichtig ist es, mit dem »großen Rest« weiter zu üben (z.B. die Schwere in den Armen zu realisieren). Gelingt Ihnen dies nicht sofort auf Anhieb und lassen Sie sich doch immer wieder von Ablenkungen fangen, seien Sie nachsichtig mit sich und öffnen sich erneut der anstehenden Aufgabe. Klappt das auch noch nicht, unterbrechen Sie die Übung einfach und nehmen sie zu einem späteren Zeitpunkt wieder auf. Unbewusst verteilen wir unsere Aufmerksamkeit ständig auf verschiedene Dinge. Sie kochen das Mittagessen und haben Ihr spielendes Kind trotzdem im Auge. Sie fahren Auto, konzentrieren sich auf den Verkehr und führen ein Gespräch mit Ihrem Beifahrer, ohne gegen den nächsten Baum zu fahren. Sie sehen, passive Konzentration ist nichts wirklich Neues für Sie. Sie holen lediglich bereits Bestehendes in Ihr Bewusstsein.

Konzentrationshilfen

Machen Sie sich einmal deutlich, dass das »Abdriften der Gedanken« etwas sehr Wertvolles sein kann, denn so können Sie die Rückkehr Ihrer Konzentration einmal ganz bewusst erleben. Sie merken, eine veränderte Einstellung zur gleichen Sache kann sehr bereichernd sein.

In meinen Kinderkursen für Autogenes Training beobachte ich häufig, dass die Konzentrationsfähigkeit auch von sonst eher störungsanfälligen Kindern deutlich gesteigert ist, wenn eine Übung oder eine Geschichte ihr Interesse besonders erregt. Sicherlich bemerken Sie dieses Phänomen auch manchmal bei sich selbst. Entfachen Sie also einfach häufiger Ihre Begeisterungsfähigkeit für bestimmte Dinge (auch Kleinigkeiten tun hier große Dienste) und tragen Sie so automatisch zu Ihrer Konzentrationssteigerung bei.
Wenn Sie sich zum ersten Mal mit dem AT beschäftigen, kann es Ihnen zu Beginn schwer fallen, sich während des Tagesablaufs von Ihrem »Alltagsgeschäft« für einen Moment zu lösen, um mit Hilfe der AT-Übungen wieder Kraft und Energie zu tanken. Die Befürchtung, anschließend wichtige Erledigungen zu vergessen, blockiert den Einstieg in die Entspannung. Ein einfacher, aber hilfreicher Trick: Schreiben Sie störende Gedanken auf ein Blatt Papier, so ist nach dem AT-Training alles noch präsent, aber vielleicht nicht mehr ganz so wichtig.

Aufschreiben kann entlasten

Papier und Bleistift gehören ebenfalls an Ihr Bett, wenn Sie zu den Menschen gehören, die abends den Kopf noch voll haben vom Tagesgeschehen und vielleicht schon Neues für den nächsten Tag dazu speichern wollen. Den Kopf auf diese Weise zu entleeren hat schon manchem geholfen festzustellen, dass die vielen aufgeschriebenen Themen unmöglich von einer Person zu erledigen sind. So können ein Blatt Papier und ein Schreibstift durchaus einmal dabei helfen, die Ursache z.B. für Unruhezustände, Erschöpfung, Bauch- oder Kopfschmerzen aufzuspüren.

Eine ältere Kursteilnehmerin sagte einmal: »Abends gehört mein Bett mir. Störende Gedanken lasse ich draußen, vorher lege ich mich nicht zur Ruhe. Ich decke nur mich zu, alles andere ist morgen auch noch da.« Das klang so kompromisslos einfach, ein bisschen weise und so gar nicht belehrend. Versuchen Sie es doch auch einmal mit dieser Einstellung.

Spezialtipp !

Verbinden Sie ruhig die Ausatmung manchmal mit einem hörbaren Stoßseufzer, kleine Verspannungen fließen so automatisch mit aus Ihrem Körper.

Gymnastik und tief ausatmen

Zählen Sie sich zu den sehr unruhigen und nervösen Menschen, können ein paar gymnastische Übungen wie Kniebeugen oder Schulterkreisen zur Spannungsabfuhr beitragen. Der Einstieg in die AT-Übungen gelingt dann häufig besser.

Zwei oder drei ganz intensive Atemzüge können kleine Wunder wirken. Legen Sie besondere Aufmerksamkeit auf die Ausatmung. Viele Menschen halten zu viel verbrauchte Luft in ihrem Körper und »vergiften« sich so selbst. Also hinaus mit der verbrauchten Luft, um Platz zu schaffen für saubere Energie.

Konzentrationshilfen sind besonders für Anfänger geeignet, sich auf die selbstentspannenden Übungen des AT einzustimmen. Vielleicht fallen Ihnen individuelle Einstiegshilfen ein, die Ihre persönliche Konzentrationsbereitschaft verbessern. Die Konzentrationshilfen werden im Laufe der Zeit, wenn Sie die AT-Übungen Ihr eigen nennen können, überflüssig. Sie werden aber auch häufig als liebe Angewohnheit beibehalten.

Ist das AT erlernt, können so genannte Leitsätze in die Entspannung eingebaut werden. Die vielfältigen Einsatzmöglichkeiten solcher Leitsätze werden auf Seite 78 genauer aufgeführt.

Die Seele wirkt auf den Körper

Das AT versetzt Sie in die Lage, Ihrem Körper zuzuhören und die Wechselwirkungen zwischen Seele und Körper zu beeinflussen. Ein verbessertes Körpergefühl schreckt Viren und Krankheitserreger ab und lässt Sie vitaler und lebensfroher sein.

Psychosomatik

Psychosomatik ist die Lehre von seelisch bedingten Körperkrankheiten. Viele Urvölker nutzen Krankheitssymptome zur persönlichen Weiterentwicklung. Das heißt, auftretende Krankheiten sind bereitwillig angenommen worden, und die daraus erwachsenen Erfah-

rungen wurden in das persönliche Lebensskript integriert. In unserem westlichen Denken sind manchmal Spuren dieser lebensbejahenden Einstellung zu Erkrankungen nach schweren Operationen spürbar. Einige Menschen beschließen danach, ein bewussteres Leben zu führen und die Gangart eine Stufe niedriger zu schalten.
Im Alltagstrott nehmen wir uns meist nicht die Zeit, unsere Körpersignale ernst zu nehmen. Wenn wir einen Arzt z.B. wegen schmerzhafter Gallenbeschwerden aufsuchen, erhalten wir meist ein Medikament, das die Schmerzen beseitigen soll. Das Präparat »entkoppelt« Körper und Seele, das heißt, die Verbindung zwischen seelischem Schmerz und körperlicher Auswirkung wird chemisch unterbrochen. Da die vorübergehende Schmerzunterbrechung an der krankmachenden Lebenssituation des Patienten aber nichts verändert, kommt es zum erneuten Auftreten der Symptome.

Ein innerpsychisches Nachfragen ist notwendig: »Wann kommt mir die Galle hoch? Was schlägt mir auf den Magen? Worauf reagiere ich sauer? Welche unverdauten Brocken liegen im Magen?«

Die Beschwerden wandern

Häufig ist dann ein chirurgischer Eingriff das nächste Mittel der Wahl. Nach dem Motto: Ist nichts Krankhaftes mehr vorhanden, kann auch nichts mehr weh tun. Eine Symptomverschiebung auf ein benachbartes Organ ist häufig die Folge. So finden sich nicht selten z.B. nach einer Gallenentfernung unbestimmte Beschwerden im Oberbauch oder Störungen im Magen- und Darmtrakt. Um diesen rein körperlichen Behandlungsansatz zu verändern, ist ein aktives Mitwirken des Patienten erforderlich. Die seelischen Hintergründe der Gallen- und Magenbeschwerden zu ergründen erfordert Mut und Entschlossenheit des betroffenen Patienten. Der Patient nimmt aktiv Einfluss und versucht, die Ursachen der eigenen Erkrankung aufzudecken.

Seelische Ursachen werden mehr in Betracht gezogen

Diese in der Seele entstandenen Erkrankungen sind einer der häufigsten Gründe für das Erlernen des AT. Früher war nur ein körperlich Erkrankter ein »richtiger« Kranker. Alle sonstigen Störungen wurden eher belächelt und standen häufig in Verdacht, nur eingebildet zu sein. Auch heute noch sind Arzt und Patient häufig erleichtert, wenn durch den Einsatz der vielen teuren Apparate in einer Arztpraxis ein organischer Befund festgestellt wird. Funktionelle Störungen ohne organischen Hintergrund sind wenig greifbar und erfordern von dem behandelnden Arzt familiäres, soziales und individuelles innerpsychisches Verständnis des einzelnen Patienten. Trotz entgegengesetzt lautender Aussagen scheint es aber immer mehr Ärzte zu geben, die ihre Patienten auf seelisch-körperliche Zusammenhänge aufmerksam machen. Wenn den Ärzten auch selbst häufig die Zeit fehlt zu intervenieren, verweisen sie ihre Patienten doch immer mehr auf die Notwendigkeit, ein Entspannungs- und Konzentrationsverfahren wie das AT zu erlernen. Sie trauen damit ihren Patienten zu, ihre Selbstheilungskräfte bei bestimmten Erkrankungen zu aktivieren.

Krankheitsanfälligkeit vorbeugen

Damit eine Erkrankung zum Ausbruch kommen kann, braucht sie ein negatives Energiefeld. Sie muss sich entwickeln können. Belastungen, Sorgen, Nöte und Ängste müssen über einen gewissen Zeitraum auf uns einwirken, bevor sie »durchgelassen« werden und in den Organismus eingreifen können. Durch fortdauernde Leistungsüberschreitungen unseres Körpers und unserer Seele tragen wir zum Entstehen psychosomatischer Krankheitsbilder bei. Körper und Seele reagieren zu Recht gekränkt. Dazu wieder ein Beispiel. Ihnen ist folgende Begebenheit bekannt: Sie sind umgeben von Menschen mit einer starken Erkältung. Sie selbst befinden sich in einer stabilen Lebensphase, die Viren haben keine Chance, durch Ihr positives Energiefeld hindurch zu dringen, sie prallen ab. Sind Sie aber gestresst, energiearm und instabil, haben die Angreifer (Viren) ein leichtes Spiel. Sie durchdringen mühelos Ihren Schutzraum und greifen an. Das AT kann Ihr eigenes Energiefeld stabilisieren und Fehlreaktionen, die von außen kommen, unwirksam machen. Deshalb ist es wichtig, das AT auch an gesunden Tagen zu üben, um es in Notfällen abrufen zu können.

Aktive Mitarbeit des Patienten

Machen Sie sich also auf den Weg und hören Sie häufiger auf die Ausdrucksweise Ihres Körpers und Ihrer Seele. Beide haben keine andere Möglichkeit, uns auf den Raubbau, den wir häufig mit ihnen betreiben, aufmerksam zu machen, als mit Herzrhythmusstörungen, Kopfschmerzen, hohem Blutdruck, Verspannungen, Depressionen, Angstzuständen usw. »spürbare« Zeichen zu setzen. Seien Sie also nicht ungerecht zu dem Überbringer der schlechten Nachricht (Körper), Sie schimpfen ja auch nicht mit Ihrem Postboten, wenn er Ihnen eine Mahnung in den Briefkasten steckt, sondern versuchen, die Ursachen aufzuspüren. Bezahlen Sie die Mahnung, wenn sie gerechtfertigt ist.

Sollten sich bereits einige der oben aufgeführten Beschwerden eingestellt haben, bringen Sie möglichst viel über Ihre Erkrankung in Erfahrung. Sie können so bei der Behandlung aktiv mitwirken. Ihr Arzt ist dann nicht mehr nur der behandelnde Part, Sie machen sich zu einem gleichwertigen Partner. Werden Sie durch Ihr theoretisches und praktisches Wissen zum Profi Ihrer Krankheit.

Gerät Ihr körperliches und seelisches Wohlbefinden trotz des AT und positiver persönlicher Veränderungen manchmal wieder aus den Fugen, seien Sie nachsichtig, aber konsequent und halten Sie als erstes Innenschau.

Manchmal sind Medikamente unverzichtbar

In bestimmten Lebenssituationen kann es wichtig sein, die Körpersymptome trotzdem für einige Zeit mit verschriebenen Medikamenten zuzudecken und zu betäuben. Die so gewählte Zwischenlösung, die Arzt und Patient gemeinsam treffen sollten, kann eine Möglichkeit sein, um einen vorhandenen Teufelskreis zu unterbrechen. So können z. B. Angstzustände ein solches Ausmaß annehmen oder die subjektiven Atembeklemmungen so bedrohlich werden, dass beruhigende Medikamente zu Beginn helfen, die Symptome erträglich zu machen. Hierzu ist die Hilfe eines Therapeuten oder Arztes nötig.

Sie kennen nun einige wichtige Zusammenhänge zwischen Ihrem Körper und Ihrer Seele und können selbst Einfluss nehmen, um Ihre innere Harmonie wieder herzustellen. Ich wünsche Ihnen, dass die Diagnose der vegetativen Dystonie nicht oder nicht mehr in Ihrer Patientenkartei auftaucht.

Nichts »unter den Teppich kehren«

Die Methoden des AT helfen, Ihre Grundbefindlichkeit zu verbessern oder zu stabilisieren. Was bedeutet in diesem Zusammenhang Missbrauch mit AT? Fast alles in unserem Leben lässt sich missbräuchlich einsetzen. Missbrauch bedeutet, etwas zu tun, um so von dem Vorhandenen abzulenken.

Vorsicht

Wenn Sie AT erlernen und gleichzeitig auf Medikamente (z. B. Schlaftabletten, Blutdruck senkende Mittel, Kreislauf stabilisierende Präparate) angewiesen sind, ist es wichtig, Ihren Arzt zu informieren. Wenn die Übungen des AT bei Ihnen »wirken«, ist in den meisten Fällen eine niedrigere Dosierung der Medikamente angezeigt.

Ablenkung vom eigentlichen Problem

Ein Beispiel: Wer jeden Abend joggen geht und sich so seinen Ärger auf seine Arbeitskollegen »aus dem Bauch« läuft, treibt Missbrauch mit Sport. Warum, denken Sie vielleicht, joggen ist doch so gesund? Wer den Sport dauerhaft benutzt, um anstehenden Konflikten auszuweichen, erzielt keine körperliche und seelische Heilwirkung. Ein Gespräch oder eine Auseinandersetzung mit den Kollegen wäre angebracht. Dann trotzdem aus Spaß und zur Gesunderhaltung weiter zu joggen stellt einen gesundheitlichen Wert in sich dar.

Auch immer wieder Gespräche mit den falschen Leuten zu führen, kann Missbrauch sein. Stellen Sie sich vor, Sie haben dauerhaft Konflikte mit Ihrem Partner. Sie entlasten sich täglich bei Bekannten und klagen über Ihre Misere (bitte nicht verwechseln mit Rat und Hilfe suchen).

Veränderung wäre aber nur möglich, wenn die Störquelle besichtigt wird, wenn also ein Gespräch zwischen Ihnen und Ihrem Partner geführt würde, egal mit welchem Ergebnis.

Oberflächliche Beruhigung hilft nicht

Obwohl das Autogene Training ein aufdeckendes Verfahren ist, können Sie es ebenfalls missbräuchlich einsetzen, indem Sie es wie ein Beruhigungsmittel benutzen, wie im Beispiel oben. Sie decken dann, wie im Kapitel Psychosomatik erklärt, Symptome zu, die beachtet werden müssen. Oberflächliche Ruhigstellung bedeutet ein Unterdrücken von Gefühlen. Es entsteht ein Druck wie in einem Dampfkessel, der nicht entlüftet wird. Die negative Energie richtet sich ausschließlich gegen Sie.

Die Wirkung auf das Nervensystem

»Meine Nerven liegen blank«, »Ich bin genervt«, »Ich bin mit meinen Nerven am Ende«, »Das zerrt an meinen Nerven«, »Du gehst mir auf die Nerven« – sicherlich können Sie diese Aussprüche noch weiter ergänzen. Der Volksmund trifft häufig eine Sache im Kern. Unsere Nerven sind im wahrsten Sinne des Wortes unersetzbar. Zellen und Muskeln können sich erneuern, ein abgestorbener Nerv ist nicht zu ersetzen. Überstrapazierte Nerven können aber beruhigt werden. Das Autogene Training ist gesunde Nahrung für Ihre Nerven. Beginnen Sie also Ihre Nerven als eigenen, unersetzbaren Schatz zu pflegen und zu behüten.

Die Seele sitzt am Ruder

Es gibt eine enge wechselseitige Beziehung zwischen seelischen Prozessen und dem Nervensystem. Jeder emotionale Zustand, wie Freude, Ärger, Angst, löst eine individuelle Reaktion aus und damit verbunden eine Veränderung der vegetativen Funktionen. Während Angstzuständen kommt es zum Beispiel zur Produktion von Angstschweiß und zu schnellerer Atmung. Freude kann stärkere Durchblutung der Gesichtshaut durch Erweiterung der Blutgefäße zur Folge haben. Bei einer Schreckensnachricht kann es zur Blutleere im Gehirn bis hin zur Ohnmacht kommen, alles Reaktionen, die vom Nervensystem gesteuert werden.

Autogenes Training hat direkten Einfluss

Durch wissenschaftliche Untersuchungen konnte nachgewiesen werden, dass wir durch das AT direkten Zugang zu unserem NS herstellen können. Da in der Beeinflussbarkeit des vegetativen NS ein sehr wichtiger Einflussbereich des AT liegt, ist eine Beschreibung der vegetativen Funktionen wichtig, um die »Sprache« unserer Nerven besser zu verstehen. Das vegetative NS ist noch einmal unterteilt in zwei große Bereiche: den Leistungsbereich (Sympathikus) und den Entspannungsbereich (Parasympathikus).

Man nahm lange Zeit an, dass unser vegetatives Nervensystem (NS) überhaupt nicht unserem Einfluss zugänglich ist und eine direkte Einwirkung lediglich durch Medikamente möglich sei.

Immer alarmbereit – der Sympathikus

Der Sympathikus versetzt unseren Körper in einen Spannungszustand, der immer dann angezeigt ist, wenn unsere Sinne geschärft sein müssen. Das ist z.B. der Fall in konzentrierten Arbeitssituationen, bei Wettkämpfen, in Flucht- und Angriffssituationen. In solchen und ähnlich extremen Momenten findet eine erhöhte Ausschüttung von Hormonen statt wie Adrenalin und Noradrenalin. Das sind so genannte Notfallhormone, die bewirken, dass sich unser Körper schlagartig auf die gegebenen Bedingungen umstellen kann. In solchen Fällen ist eine Aktivierung des Sympathikus unbedingt sinnvoll, etwa um jemanden in die Flucht zu schlagen oder den eigenen Bewegungsapparat blitzschnell zu mobilisieren, um selbst das Weite zu suchen. Der Körper befindet sich in höchster Alarmbereitschaft.

In unserer Zeit sind Kämpfe mit wilden Tieren Gott sei Dank nicht mehr nötig, Angriffe mit selbstgestalteten Waffen tragen ebenfalls nicht mehr zu unserm Überleben bei. Die fortgesetzten körperlichen Reaktionen können jedoch zu massivere Erkrankungen führen.

Daueranspannung macht krank

Eine Vielzahl von körperlichen Veränderungen spielt sich in solchen Momenten ab. Der Herzschlag wird beschleunigt, die Atmung geht schneller, damit mehr Sauerstoff zugeführt wird. Es kommt zu einer Umverteilung des Blutes. Die Bewegungsmuskulatur wird mit viel Blut versorgt, sehr sinnvoll bei Flucht und Angriffen. Die Magen- und Darmdurchblutung wird herabgesetzt – ebenfalls sehr nützlich, denn wenn ich die Flucht ergreifen muss, sind diese Bereiche des Körpers nicht gefragt. Die Gehirntätigkeit läuft zur Höchstform auf. Für unsere Vorfahren waren diese schnellen körperlichen Veränderungen wichtig, um zu überleben.

Heute können ein unleidlicher Arbeitskollege, die Widerworte eines Teenagers, die ständig nörgelnde Großmutter, der unfreundliche Nachbar oder ein Verkehrsstau genau dieselben Stresshormone in uns aktivieren, als wenn wir um unser Leben rennen oder ein wildes Tier erlegen müssten. Erkennen wir solche selbstschädigenden Verhaltensmuster nicht und halten unseren Körper in Alarmstellung, kann es auf Dauer zu schwerwiegenden Folgen kommen: Magen- und Darmbeschwerden, Rückenschmerzen, Herzbeklemmungen, Einschlafstörungen, Verspannungen und vieles mehr.

Glättet die Wogen – der Parasympathikus

Der Parasympathikus versetzt unseren Körper in einen Erholungszustand, die inneren Kraftreserven werden aufgetankt. Während wir die Arbeit des Sympathikus in Stresssituationen meist deutlich wahrnehmen können, ist für uns die Arbeit des Parasympathikus weniger spürbar. Wer nimmt schon den Schlaf als Erholung bewusst wahr? Während in den Aktionsphasen des Sympathikus die Körperreaktionen eher nach außen gerichtet sind, findet in den Entspannungsphasen des Parasympathikus eine Zuwendung nach innen statt. Dieser Teil unseres vegetativen Nervensystems ist zuständig für den Wiederaufbau der verbrauchten Energie, er füllt die leeren Körpertanks wieder mit frischer Kraft auf. Nach und nach beginnt eine Veränderung der vegetativen Funktionen. Die Blutgefäße dürfen sich wieder weit stellen, sodass unser Energieträger, das Blut, wieder ungehindert alle Zellen und Organe versorgen kann.

Den friedlichen Gleichklang des vegetativen Zusammenspiels zwischen Parasympathikus und Sympathikus zu erhalten oder Entgleisungen des vegetativen Nervensystems vorzubeugen ist eines der Hauptziele des Autogenen Trainings.

Die körperlichen Folgen

- Der Herzschlag beruhigt sich, die Atmung wird flacher, weil der Körper im entspannten Zustand weniger Sauerstoff benötigt. Das Blut darf sich aus den großen Muskeln zurückziehen, um u.a. die Haut besser zu versorgen (deshalb soll man sich z.B. nach dem Auftragen einer Gesichtsmaske entspannen).
- Die Magen- und Darmnerven finden im Erholungszustand eine Aufbauphase. Sei es, dass unverdaute Speisen endlich verdaut werden können, denn Darmverstopfung ist ein häufiges Leiden bei »nicht verdautem« Stress. Oder ein nervöser Magen- und Darmtrakt darf zur Ruhe gelangen, denn viele Menschen reagieren in angespannten Situationen mit Durchfall, die zugeführten Speisen »fallen« einfach durch den Verdauungsapparat.
- Auch unser ständig arbeitendes Zentrum, das Gehirn, wird aufgrund einer geringeren Durchblutung im Erholungszustand entlastet.

Der parasympathische Anteil unseres vegetativen Nervensystems schafft also die gesunden Voraussetzungen, um einen erneuten Leistungszustand zu ermöglichen.

Stress lass nach...

Was ist Stress? Schlagen Sie in einem Lexikon unter dem Begriff Stress nach, finden Sie etwa folgende Definition: »Stress ist die seelische (gefühlsmäßige) und körperliche Reaktion auf Ereignisse der Umwelt und auf Ereignisse in uns selbst, die wir als bedrohlich erleben, unser Wohlbefinden bewerten wir als eingeschränkt.« Stress ist heute schon lange kein Modewort mehr. Viele Menschen sterben sogar an den Folgen von Stress. Alles, was wir erleben, kann Stress bedeuten; der Stress hat viele Gesichter. In unserer schnelllebigen Zeit ist niemand von Stress verschont; wer das von sich behauptet, ist entweder tot oder lebt allein auf einem hohen Berg.

Auch Rückenprobleme sind häufig deutliche Hinweise auf Dauerstress. Der Rücken muss sich unter der schweren aufgebürdeten Last versteifen, ein starrer Stab bricht aber nun einmal schneller als ein flexibler, beweglicher Stab.

Ein individuelles Phänomen

Die Einflüsse von Stress sind sehr vielfältig, so kann körperlicher Schmerz genauso ein Stressfaktor sein wie der emotionale Zustand des Verliebtseins. Lärm und grelles Licht können ebenso Stress auslösen wie Termindruck oder das Aufschieben von wichtigen Angelegenheiten. Finanzielle Sorgen können genauso »stressig« sein wie der Hass auf einen anderen Menschen. Immer wenn der Körper Energie dafür aufbringt, etwas zu verarbeiten, kann das eine Stressquelle sein. Unter Stress steigt zum Beispiel unser Muskeltonus (Spannung) deutlich an. Dauerspannung führt dann zu körperlichen Symptomen wie Verspannungen, Verkrampfungen und Muskelverhärtungen. Diese Beschwerden sind immer ein Zeichen von Überbeanspruchung, und das leider nicht nur nach sportlich erbrachter Leistung, sondern auch bei emotionaler Überforderung.

Die Zeitbombe in unserem Inneren

Stress, den wir nicht verarbeiten, wirkt also in uns weiter. Den Energiestau, den wir durch Stress verursachen können, ist vergleichbar mit einer tickenden Zeitbombe. Anstatt die eigene Stressquelle aufzuspüren und den »Zünder« der Bombe zu suchen, z.B. den ständig nörgelnden Chef, den Anblick des hässlichen, abgewohnten

Sofas, den permanent krähenden Hahn des Nachbarn, verbeißen wir uns in unsere Sichtweise der Dinge und produzieren auf diese selbstschädigende Weise immer mehr Zündstoff für unsere eigene Bombe. Die persönlichen Handlungsmöglichkeiten sind während Stresssituationen auf ein Minimum reduziert. Wir haben keine Energien mehr frei, um eine Einstellungsänderung anzustreben, z.B. eine Aussprache mit dem Chef herbeizuführen, einen Überzug für das Sofa zu nähen, sich an dem Krähen des wunderschönen, stolzen Hahnes zu erfreuen, um so die Bombe zu entschärfen. Wir sorgen unausweichlich dafür, dass die anstehende Explosion unüberhörbar wird und sich mit voller Wucht in unserem Körper und unserer Seele entlädt (siehe auch Psychosomatik, Seite 18 f.).

Unser Handeln und Fühlen befindet sich in Stresssituationen auf einer Einbahnstraße, der Blick nach Außen, die Suche nach Lösungsmöglichkeiten ist uns durch die hohe Energieaufbringung für den Stressauslöser versperrt. Durch das Erlernen des AT stellt mancher Übende fest, dass es Nebenstraßen gibt, die ein Abbiegen von dem eingefahrenen Weg möglich machen.

Ein Umdenken und Neuorientierungen tragen deutlich zur Steigerung der Lebensqualität und damit nicht zuletzt zur Erhöhung des persönlichen Lebensalters bei.

Veränderung löst Stress

- Verändern Sie aktiv etwas in Ihrem Leben! Ärgern Sie sich nicht mehr über die alten Blumen, schmeißen Sie sie einfach weg. Der Frust über ein zu eng gewordenes Kleid ist unnütz, essen Sie weniger oder machen Sie das schöne Stück weiter. Tragen Sie immer schwarze Schuhe, kaufen Sie einfach einmal ein Paar knallrote.
- Sie denken jetzt vielleicht, was denn solche Kleinigkeiten nützen. Ein schlauer Ausspruch lautet: »Die Lösung eines kleinen Problems ist bereits die Teillösung eines großen Problems!«
- Wenn Sie ein ständiger Ja-Sager sind und sagen zum ersten Mal »Nein, das tue ich nicht!«, hat sich unweigerlich etwas verändert.
- Sind Sie der ständige Besserwisser und mischen überall mit, halten Sie sich einfach mal zurück – und es hat sich etwas verändert.

Sportliche Erfolge wären ohne die direkte Nerv-Muskel-Verbindung gar nicht möglich. Prüfungen bestehen wir nur, wenn das Gelernte über diese Verbindung schnell und präzise abgerufen wird; hohe Gehirnleistungen sind gefragt.

Eustress und Disstress

Wir werden dem komplexen Thema Stress nur gerecht, wenn wir nicht mehr alles in einen großen »Stresstopf« werfen, was unsere Nerven reizt. Von dem berühmte Stressforscher Prof. H. Selye stammt der kühne Ausspruch »Stress ist das Salz des Lebens«. In Wirklichkeit ist die Reizung unserer Sinne sehr nützlich, sonst würden wir zum Beispiel bei der Arbeit einschlafen (was einigen Berufsgruppen sogar nachgesagt wird). Man unterscheidet heute zwischen dem so genannten Eustress (eu: griech. = gut, wohl) und dem Disstress (distringere: lat. = spannen, foltern).

Die gesunde Anstrengung...

Was ist Eustress? Alles, was wir subjektiv positiv erleben und bewerten. Rufen Sie zum besseren Verständnis einmal einen Tag aus Ihrem Leben in Ihr Gedächtnis, an dem Sie überdurchschnittlich viel »geschafft« haben. Viele Dinge mussten erledigt werden, wichtige Entscheidungen wurden getroffen, Sie wurden mit unvorhersehbaren Konflikten konfrontiert und haben eine zufriedenstellende Lösung gefunden.

Körper, Geist und Seele waren zwar konzentriert gefordert, aber durch Ihre Einflussnahme und persönliche Bewertung sind nach einem erfolgreichen Tag keinerlei negative psychische und körperliche Beschwerden zu verzeichnen.

Am Abend des selben Tages stellen Sie fest, dass Sie körperlich vielleicht erschöpft sind, aber keine Muskelverspannungen haben, Ihr Körper hat sich im Tagesablauf in einer guten Spannung befunden (= Eutonus). Obwohl Ihre Gehirnzellen die meiste Zeit in voller Aktion waren, verspüren Sie keine Kopfschmerzen. Ebenso haben Sie trotz überdurchschnittlich hoher, emotionaler Anspannung ein zufriedenes Gefühl. An einem solchen Tag können Sie sicher davon ausgehen, das Sie viele Eustress-Situationen erlebt haben.

... und die Anspannungsfolter

Was ist Disstress? Alles, was wir subjektiv und dauerhaft als negativ erleben. Holen Sie wieder zum besseren Verständnis einen Tag aus Ihrem Leben in Ihr Bewusstsein. Sie hatten sich viel für diesen Tag vorgenommen, stellen aber am Abend frustriert fest, dass Sie nur die Hälfte Ihres Tagesprogramms erreicht haben. Ihr Körper fühlt sich nach einer solchen Bewertung kraftlos und erschöpft. Ihr Nacken ist vielleicht verspannt und Ihre gut bekannten körperlichen Schmerzstellen melden sich wieder. Obwohl Sie viel gegrübelt (Grübeln beenden siehe Seite 83) und damit Ihr Gehirn malträtiert haben, konnten Sie an diesem Tag keinen klaren Gedanken fassen. Das Ergebnis: Am Abend ist Ihr Kopf schwer, und Sie können noch nicht einmal Ihre Lieblingssendung im Fernsehen richtig genießen. An solchen Tagen befindet sich Ihr Körper in einem negativen Spannungszustand (= Dystonus). Ihre persönliche Bewertung des Tages lässt kein besseres Ergebnis zu.

Greifen wir aktiv ein und verändern unsere Einstellung zu bestimmten Stress auslösenden Momenten in unserem Leben, sind wir tatkräftiger Akteur und nicht mehr der passive Zuschauer, der nur alles auf sich wirken lässt und sich nicht traut, auch einmal eine schlechte Vorstellung zu verlassen.

Die Belastung anders verteilen

Ob wir aber einen Tag positiv oder negativ bewerten, ob wir uns von Menschen Eu- oder Disstress bereiten lassen, ist abhängig von unserer persönlichen Einstellung und unserer Bewertung. In diesem Wissen steckt eine große Chance, wir haben nämlich aktiv Einfluss auf unsere Stresssituationen.

Wir sind nicht mehr ausgeliefert und brauchen uns nicht als Opfer der Umstände zu fühlen.

Wir müssen also aufhören, jeglichen Stress in uns zu verdammen.

Ihr Wissen über Eu- und Disstress macht es möglich, von nun an Stress aufzuteilen und zwei Stresstöpfe zu füllen. Welcher Topf der vollere ist, liegt in Ihrer Hand.

Stress neu bewerten

»Nicht die Probleme machen krank, sondern die Art und Weise, wie ich mit den Problemen umgehe!« Eine interessante Sichtweise des amerikanischen Psychotherapeuten A. Ellis. Er geht davon aus, dass nicht die Ereignisse die Belastungen darstellen, sondern die Art und Weise unserer Verarbeitung des Erlebten, dass unsere Sichtweise und unsere Bewertung der Dinge die entscheidende Rolle dafür spielen, was in uns Stressreaktionen hervorruft.
Warum bewerten Menschen ein und dasselbe Ereignis völlig unterschiedlich? Was bei dem einen den Puls rasant nach oben jagen lässt, verursacht bei einem anderen ein leichtes Lächeln. Was den einen bis zur Weißglut reizt, lässt den anderen völlig kalt. Was für den einen eine Herausforderung bedeutet, lässt den anderen erstarren, bis zur Handlungsunfähigkeit.

Spezialtipp

Umgeben Sie sich so oft wie es geht mit Menschen, die eine positive Ausstrahlung haben. Meiden Sie Personen mit negativer Ausstrahlung. Sie geben doch auch keinem Gesunden verdorbenes Essen?

Die Perspektive wechseln

Reagieren Personen unterschiedlich auf das selbe Ereignis, kann das verschiedene Ursachen haben. Jeder bringt seine Erfahrungen aus der Vergangenheit mit, das Elternhaus und die Kindheit haben entscheidenden Einfluss auf unser Verhaltensrepertoire. Ob jemand eher arrogant und überheblich wirkt, ob er die Welt nur in Gut und Böse aufteilt und keine Zwischentöne zulässt, ob jemand ständig an sich zweifelt und die Welt durch eine depressive Brille sieht – immer schöpfen wir aus unserem eigenen »Suppentopf«. Bekannte, aber leider nicht immer gesunde Handlungsweisen zu verlassen bedeutet, auch einmal über den eigenen Tellerrand hinaus in andere »Suppentöpfe« zu schauen und neue Rezepte auszuprobieren. Eine kleine Übung: Suchen Sie zum besseren Verständnis eine bestimmte Situation aus Ihrem Leben, in der Sie immer in selbstschädigender Weise reagieren. Stellen Sie neben Ihre eigene Bewertung noch mindestens vier weitere Sichtweisen des gleichen Problems (siehe Kasten Seite 31). In scheinbar ausweglosen Situationen ist das eine Möglichkeit, festgefahrene Gedankenabläufe wieder gängig zu machen.

Wie reagieren Sie?

Ein Beispiel: Eine Feier steht an und muss vorbereitet werden. Verschiedene Reaktionen sind möglich.

- »So ein Mist, schon wieder muss ich meine Zeit für andere vergeuden. Da kommt mir die Galle hoch!« (Gefühl: Ärger, Wut)
- »Oh, was ich jetzt alles erledigen muss! Bestimmt drehen meine Nerven wieder durch?!« (Gefühl: hysterisch, nervös)
- »Sicherlich werde ich wieder meine Schmerzen bekommen und nichts von der Feier haben, na ja, Hauptsache den Gästen geht es gut.« (Gefühl: depressiv, melancholisch)
- »Das schaffe ich nie! Ich kann das nicht, ich habe noch nie eine Feier richtig gut gestaltet.« (Gefühl: Angst, Unsicherheit)
- »Schön, eine Feier! Gäste fühlen sich immer so wohl bei mir und die Gespräche sind so bereichernd.« (Gefühl: Freude)
- ». . . . .«.

(Füllen Sie diese Zeile mit Ihrer eigenen Bewertung der Situation.)

Wir sollten uns niemals anmaßen, den Stresspegel anderer Leute zu beurteilen. Denn wann und warum die Nerven gezerrt werden, ist abhängig vom eigenen Erleben und nicht von den Situationen.

In schweren Krisen Hilfe suchen

Sicherlich gelingt Ihnen eine neue Bewertung im Handeln, Fühlen und Denken nicht sofort, aber durch lustvolles Ausprobieren neuer Fertigkeiten erweitern Sie Ihr individuelles Spektrum nach und nach. Sie werden flexibler und können so aus einem größeren Gefühls- und Verhaltensangebot auswählen.

In meinen Kursen befinden sich manchmal Kursteilnehmer, die beim Überdenken ihrer Stressbewertung an ihre Grenzen stoßen. Das ist oft der Fall bei zurückliegenden traumatischen Ereignissen, schweren Lebenskrisen, wie Trennung vom Partner oder der Tod eines lieben Menschen. In solchen Lebenskrisen reicht das Erlernen des AT allein meist nicht aus, eine intensive Aufarbeitung und Verarbeitung des Erlebten sind angezeigt. Hierzu für eine gewisse Zeit die professionelle Hilfe eines Psychotherapeuten in Anspruch zu nehmen halte ich für sehr verantwortungsbewusst.

Verspüren Sie beim Testen neuer Verhaltensmuster ein Kribbeln im Körper oder bekommen ein wenig Angst vor Ihrem eigenen Mut, dann sind Sie auf dem richtigen Weg. Neues ist immer mit Lampenfieber verbunden.

Der Einstieg –
so gelingt er Ihnen

Die nun folgenden Hinweise sind Richtlinien dafür, wann, wie lange, wo und wie Sie üben sollten. Viele autogen Trainierende haben auf diesem Weg das AT erlernt. Sie, lieber Leser, sollten sich Ihr persönliches Übungsmuster zusammenstellen.

Üben macht den Meister

Erzähle ich meinen Kursteilnehmern von den Einsatzmöglichkeiten des AT, sind alle sehr interessiert. Berichte ich dann, dass diese ausschließlich über konsequentes Üben zu erreichen sind, bringen viele das zunächst mit Arbeit in Verbindung. Vielleicht haben Sie diesen unangenehmen Impuls auch bei sich verspürt? Ausführliche Gespräche über die Notwendigkeit von selbstständigem Üben verändern sehr schnell die Sichtweise. Üben oder trainieren ist nicht gleichzusetzen mit Arbeit. Üben bedeutet, sich etwas Neuem zuwenden. Wir üben etwas, um zu lernen. Wer nichts mehr lernen möchte, ist entweder sterbenskrank und hat mit dem Leben abgeschlossen oder gehört zu den eher unangenehmen Zeitgenossen, die glauben, schon alles zu wissen.

Der Weg ist (auch) das Ziel

Der unübertroffene Vorteil eines Übungsprozesses ist das Endprodukt, das eigene Ziel. Dieses ist auf verschiedene Art und Weise zu erreichen. Einmal können Sie eine negative Grundeinstellung einnehmen: »Üben ist immer so anstrengend, und außerdem gebe ich immer so schnell auf.« Das ist so ähnlich, als wenn Sie zu einem Kind, das gefallen ist, sagen: »Bleib lieber liegen, du schafft das Laufen sowieso nie.« Eine positive Haltung zum Üben einzunehmen heißt: »Ich freue mich, wieder etwas Neues zu erfahren, ich lerne ja schließlich nie aus.« Das gefallene Kind bekommt von Ihnen schließlich auch positive Impulse: »Komm, steh wieder auf, du wirst bald laufen können, versuche es noch einmal.«

J. Sievert hat mit der folgenden Aussage die Sache auf den Punkt gebracht:
»Wer an die Erreichung seines Zieles denkt, wird sein Ziel erreichen. Wer stets an viel Arbeit denkt, wird viel Arbeit haben.«

Profitieren Sie vom Trainingseffekt

Sport ist Gymnastik für unseren Körper. Das AT wird häufig als Gymnastik der Seele beschrieben. Wenn Sie Sport treiben, kennen Sie schon den Vorteil von regelmäßigem Training. Wenn Sie sich eine gute Kondition antrainiert haben, erzielen Sie nicht nur bei Ihrer Sportart bessere Ergebnisse. Sie kommen auch z. B. beim Treppensteigen nicht so schnell aus der Puste wie ein Untrainierter.
Den gleichen Vorteil bietet der Trainingseffekt beim AT. Wenn Sie sich über ein diszipliniertes AT-Training eine gute »Seelenkondition« erworben haben, verfügen Sie natürlich auch im Tagesablauf über mehr Ruhe und Gelassenheit und nicht nur, wenn Sie AT tatsächlich üben. Wenn Sie das AT regelmäßig üben, gehört es als

zuverlässige Lebenshilfe zu Ihnen wie auch alles andere, was Sie in Ihrem Leben durch Übung erreicht haben. Sollten Sie das AT einmal aus den Augen verlieren, denken Sie daran, dass es in Ihrem Körper gespeichert ist. Sie brauchen das Gelernte nur wieder aufzufrischen. Radfahren und Schwimmen verlernen Sie ja auch nicht, nur weil Sie längere Zeit nicht geübt haben.

Wie lange sollen Sie üben?

Was Sie bis hierher zum Thema Üben gelesen haben, hat allgemeine Gültigkeit. Die Übungsregeln sind nur vorübergehend wichtig.

Ich empfehle Ihnen, dreimal täglich eine Übungszeit von ca. zwei bis drei Minuten. Wenn Sie an dieser Stelle einen Schreck bekommen und denken: »Wo soll ich bei meinem Tagesablauf nur die Zeit hernehmen?«, ist es für Sie unbedingt wichtig, AT zu erlernen. Sie haben sich dadurch einen Platz in der ersten Reihe verschafft. Zurück zur Übungszeit. Die Betonung liegt hierbei auf circa zwei bis drei Minuten, Sie brauchen nicht krampfhaft auf die Uhr zu achten. Sie werden ein dauerhaft gutes Zeitgefühl entwickeln, ein positiver Nebeneffekt konsequenten Übens. Manche Übende stellen sich zu Beginn einige Male tatsächlich eine Uhr, weil sie in der Entspannung kein Zeitgefühl haben.

Spezialtipp

Lassen Sie sich von einem Radiowecker wecken; stellen Sie die Zeit so ein, dass Sie nicht von den neuesten Nachrichten geweckt werden. Die ersten Meldungen sind in der Regel gespickt von Katastrophen.

Jederzeit und überall möglich

Sicherlich gehören Sie auch zu den Menschen, die AT u.a. erlernen möchten, um konzentrierter und ruhiger zu werden. Deshalb ist die Übungszeit so kurz angesetzt; würden Sie länger trainieren, bekommen störende Gedanken eher wieder »Oberwasser«. Denken Sie daran, mehr Zeit zu investieren bedeutet nicht, mehr Konzentration zu haben. Später können Sie mit der Übungszeit »spielen« und am Schluss der Übungen in Ihrem Versenkungszustand einige Zeit verweilen. Das AT ist eine Methode, die Sie an jedem Ort und zu jeder Zeit anwenden können. Deshalb ist es wichtig, den Körper zu trainieren, um in kurzer Zeit von aktiv auf passiv umzuschalten. Auch wenn Sie über eine gute Konzentrationsfähigkeit verfügen, sollten Sie immer wieder eine kurze Übungszeit eintrainieren.

Wann ist der richtige Zeitpunkt?

Ich schlage Ihnen vor, morgens, mittags und abends zu trainieren. Überlegen Sie einmal kurz. Erscheint Ihnen ein Zeitpunkt völlig abwegig, weil Sie hier viele Termine haben? Genau dort sollten Sie sich bewusst eine »Auszeit« von ein paar Minuten nehmen. Damit Sie als Anfänger gar nicht erst vergessen, das AT zu üben, verbinden Sie die Übungen am besten von Anfang an mit bestimmten, täglich wiederkehrenden Handlungen in Ihrem Tagesablauf.

Den Tag begrüßen ...

Begrüßen Sie den Tag am Morgen mit dem AT. Haben Sie Angst, bei den Übungen wieder einzuschlafen, machen Sie Ihr Training nach der Morgentoilette. Ist das nicht der Fall, ist ein erstes Üben im Bett zweckmäßig. Mögliche Leitsätze am Morgen:

- Nach dem Training bin ich frisch und gut für den Tag gerüstet.
- Ich freue mich auf den Tag.
- An jedem Ort zu jeder Zeit, Ruhe und Gelassenheit.

Weitere Formeln finden Sie auf den Umschlaginnenseiten. Teilen Sie den Tag am Mittag mit dem AT. Suchen Sie aktiv nach einem günstigen Zeitpunkt. Vielleicht die Mittagspause am Arbeitsplatz oder die Zeit, bevor die Kinder aus der Schule kommen. Seien Sie erfinderisch, aber konsequent.

... und am Abend zur Ruhe kommen

Heißen Sie die Nacht mit Ihrer letzten AT Übungseinheit willkommen. Denken Sie vor dem Einschlafen daran, auch Ihre Gedanken zur Ruhe zu bringen. Lesen Sie dazu noch einmal auf Seite 83 nach, wie Sie Ihre Schlafqualität verbessern können. Leitsätze zum Abend:

- Gedanken legt euch nun zur Ruh, ich mach nun meine Augen zu.
- Ich schlaf nun ruhig und sicher ein (mein Schutzengel wird mein Begleiter sein).
- Ich ruh mich aus in der Nacht, bin von Träumen gut bewacht.

Berufstätige wählen gerne den Übergang von der Arbeit zum Feierabend als Übungszeitpunkt. Mütter lieben den Zeitpunkt, wenn die Kinder eingeschlafen sind, um sich mit dem AT auf den wohlverdienten Abend einzustimmen.

Der richtige Ort und kleine Hilfen

Wenn Sie es einrichten können, rate ich Ihnen zum Übungseinstieg eine positive räumliche Atmosphäre zu schaffen. Keine Angst, Sie brauchen nicht erst eine Kerze anzuzünden und den Raum abzudunkeln. Sie müssen keinen Jogginganzug anziehen und Ihre Kuscheldecke hervorholen. Sie wählen lediglich zu Beginn einen möglichst störungsfreien Raum zum Üben. Lassen Sie Ihr Gefühl entscheiden, welche Stelle des Raums die angenehmste Ausstrahlung auf Sie ausübt. Fühlen Sie sich durch das Klingeln der Hausschelle oder das Läuten des Telefons sehr gestört, schalten Sie beides für die Zeit des Übens einfach ab. Sie verpassen dadurch nichts! Die eigene Toilette kann ebenfalls im wahrsten Sinne des Wortes als »stilles Örtchen« zum Üben genutzt werden. Die äußeren Bedingungen sind nicht mehr wichtig, wenn Sie das AT Ihr Eigen nennen können. Lieb gewonnene Gewohnheiten aus den Anfangszeiten werden Sie vielleicht später trotzdem beibehalten.

Auch die kleine Entspannungspause im Büro lässt sich ideal für Autogenes Training nutzen.

Zur Erinnerung und Einstimmung

- Von meinen Kurskindern bekommt jedes drei leuchtende Aufklebepunkte geschenkt. Die kleben sie als optische Erinnerungshilfe an Stellen, die sie am Tag häufig »im Visier« haben. Viele meiner erwachsenen Teilnehmer benutzen die Leuchtpunkte ebenfalls zu Beginn. Versuchen Sie es auch einmal.
- Wenn Sie viel am Computer arbeiten, lassen Sie doch mal als erstes »Fenster« das AT erscheinen.
- Ein paar gymnastische Übungen vor AT-Beginn können deutlich zur Spannungsabfuhr beitragen. Sie verbessern so Ihr Körpergefühl und sind »durchlässig« für die AT-Formeln. Profisportler laufen sich schließlich auch vor dem eigentlichen Training warm.
- Sicherlich kennen Sie den Ausspruch »Mache dir einen Knoten in dein Taschentuch, damit du daran denkst!« Diese Erinnerungshilfe ist natürlich auch möglich. Vielleicht fallen Ihnen eigene Tricks ein, wie Sie Ihren Trainingserfolg sicherstellen können.

Allein oder in einer Gruppe üben?

Wenn Sie das Buch als Autodidakt benutzen, erübrigt sich die Frage nach einer Übungsgruppe zunächst einmal. Vielleicht stellen Sie aber irgendwann fest, dass Sie Lust haben, Ihre Erfahrungen mit dem AT in einer Gruppe zu vertiefen und sich mit anderen darüber auszutauschen.

Ich persönlich habe »Wiederholungstäter« in meinen Kursen gerne. So bezeichne ich Kursteilnehmer, die schon einmal einen Kurs belegt oder sich ihr Wissen aus einem Buch erarbeitet haben. Der eine will neu lernen, der andere sein Wissen optimieren. Es entsteht eine Gruppendynamik, die durch den unterschiedlichen Wissensstand sehr bereichernd für den Einzelnen ist. Der Vorteil einer Gruppe unter therapeutischer oder ärztlicher Anleitung ist ohne Zweifel der regelmäßige Austausch und die Regelmäßigkeit der Gruppentreffen. Trainieren Sie mit Hilfe dieses Buches, müssen Sie sehr diszipliniert und motiviert sein, so als ob Sie für ca. acht bis zehn Wochen einen AT-Kurs besuchen würden.

Erwarten Sie nicht Wunder über Nacht

Aber was ist nun richtig? Die Antwort: So wie Sie sich auf Grund Ihrer jetzigen Lebenssituation entschieden haben! Was Sie in jedem Fall vermeiden müssen, ist Ungeduld.

Ein neugieriges Warten auf die ersten Übungsergebnisse kann jedoch förderlich sein. Ein Beispiel: Ein Kursteilnehmer berichtet nach der dritten Übungswoche: »Gestern hatte ich wieder meine nervösen Magenschmerzen. Ich habe dann AT gemacht, aber es hat nicht geholfen.« Er hat mit dieser Erwartungshaltung das Ziel an den Anfang gestellt. Ertappen Sie sich auch einmal bei einer solchen Bewertung, üben Sie sich noch einige Zeit in Geduld! Denn um perfekt Spanisch zu sprechen, müssen Sie auch erst die Vokabeln beherrschen.

Sie erhöhen den Trainingseffekt, wenn Sie in ruhigen Momenten des Tages üben. Sie stellen dann keine Erwartungen an den Erfolg der Übung, gewinnen aber so Sicherheit im Trainingsablauf.

Eine Automatisierung von Fertigkeiten ist nur durch vorheriges Üben möglich. Denken Sie z. B. an die Lernphasen, als Sie den Führerschein erworben haben, oder an das Erlernen der Fremdsprache, die Sie heute beherrschen. Lesen Sie heute einen Zeitungsartikel, reihen sich das geschriebene Wort und der Inhalt automatisch aneinander – alles Produkte Ihres konsequenten, systematischen Übens.

Welche Körperhaltung ist richtig?

Eine geeignete Körperhaltung ist wichtig, um einen Entspannungszustand herbeizuführen. Abends schlafen Sie wahrscheinlich meist in einer bequemen Haltung ein, die Sie bewusst einnehmen. Sie entledigen sich Ihrer Arbeitsmontur und wählen normalerweise legere Schlafkleidung. Sicher sind Sie aber auch schon einmal vom Schlaf übermannt worden und sind in einer »verdrehten« Position wieder wach geworden. Muskelverspannungen waren bestimmt das Ergebnis. Eine der häufigsten Fragen bei Anmeldungen zu meinen AT-Kursen lautet: »Was muss ich anziehen und was soll ich mitbringen?« Meine Antwort: »Kommen Sie so, wie Sie sich wohl fühlen, mitzubringen brauchen Sie außer sich selbst nichts.«

Probieren Sie alle Übungshaltungen aus und lassen Sie Ihren Körper entscheiden, welche Haltung für Sie die richtige ist. Eine Körperhaltung ist nur dann gut, wenn Sie sich wohl fühlen. Den Beweis haben Sie am Übungsende. Spüren Sie Druckstellen oder gar Schmerzen, nehmen Sie unbedingt auch während der Übung eine gesündere Haltung ein.

Hauptsache bequem

Es ist nicht nötig, sich für die AT-Übungen umzuziehen. Nehmen Sie einfach eine bequeme Haltung im Sitzen oder Liegen ein. Ich empfehle Ihnen, wenigstens einmal am Tag im Sitzen zu trainieren, denn Sitzgelegenheiten finden sich an vielen Orten. Nach einem Bett oder einer Liege halten Sie dagegen im Tagesgeschäft meist vergeblich Ausschau. Vielleicht können Sie es so einrichten, dass Sie nur alles was einengt lockern, z. B. die drückenden Schuhe ausziehen, den Hosenknopf öffnen oder die Brille ablegen.

Die Liegehaltung

Legen Sie sich auf den Rücken; den Nacken können Sie mit einer nicht zu weichen Nackenrolle unterstützen, das wird Ihnen bestimmt gut tun. Ihre Arme legen Sie seitlich neben den Körper, die Handinnenflächen sollten nach unten zeigen. Die Beine sind ein wenig gespreizt, und die Füße fallen locker nach außen. Wenn Sie die Lendenwirbelsäule entlasten möchten, legen Sie ein Kissen unter Ihre Kniekehlen. Wenn Ihr Arzt oder Krankengymnast eine für Sie förderliche Körperhaltung empfohlen hat, versuchen Sie, ob die AT-Übungen in dieser Haltung möglich sind.

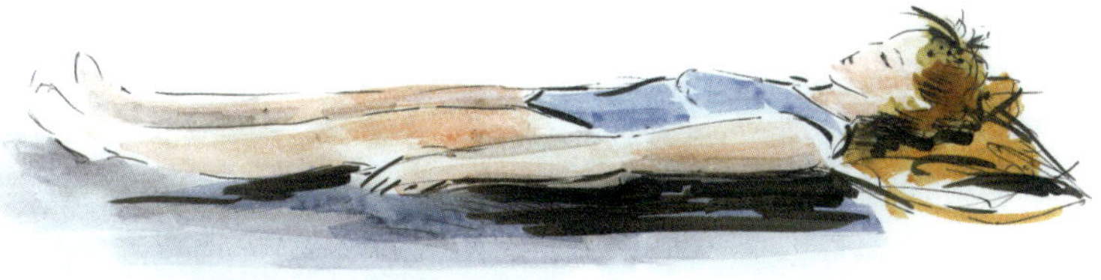

Wenn Sie zu den Menschen gehören, die in der noch so gemütlich gestalteten Rückenlage Beklemmungen bekommen, probieren Sie einfach Ihre Schlafhaltung aus. Viele meiner Kurskinder lieben die Bauchlage – was Kindern gut tut, hilft uns Erwachsenen häufig auch.

Die »Wand-Boden-Haltung« ist immer dann praktisch, wenn keine passende Sitzgelegenheit zur Verfügung steht.

Das Üben im Sitzen

Üben Sie zu Hause, wählen Sie natürlich Ihren Lieblingsstuhl oder -sessel zum Üben. Unbekanntes (AT) mit Bekanntem (eigener Sessel) zu verbinden erhöht den Trainingseffekt. Hat Ihr Stuhl Armlehnen, legen Sie die Unterarme locker auf. Hat er keine, nutzen Sie Ihre Oberschenkel als Armlehne. Die Füße haben festen Bodenkontakt oder sind der Gegebenheit des Sitzmöbels angepasst. Freies in der Luft baumeln der Füße ist beim Üben nicht ratsam. Festen Kontakt zur Unterlage zu haben kann in der Entspannung gleichbedeutend sein mit der Vorstellung »Ich stehe mit beiden Füßen fest im Leben« – wer hängt schon gerne in der Luft?

Den Stuhl »passend machen«

Das Sitzen auf unbekannten und unbequemen Stühlen erfordert von Ihnen lediglich Ihre Bereitschaft zur Anpassung an die vorhandenen Gegebenheiten. Sind Sie sehr groß und treffen auf einen kleinen Stuhl, dann stellen Sie ihn an eine Wand, setzen sich aufrecht hin, verlängern so »künstlich« die Rückenlehne. Gehören Sie zu den körperlich kleinen Menschen und treffen auf einen zu hohen Stuhl, unterstützen Sie

Das Ausprobieren der persönlichen Körperhaltung können Sie mit dem Abschmecken einer Speise vergleichen. Würzen Sie so lange nach, bis Sie Ihren persönlichen »Sitzgeschmack« gefunden haben.

die Füße mit einer Unterlage. Eine herausgezogene Schreibtischschublade darf dafür schon einmal herhalten. Ist kein Stuhl vorhanden und Liegen unpassend, liebe ich die »Wand-Boden-Haltung« (der Begriff stammt von einem Kursteilnehmer). Dazu setzen Sie sich mit dem Gesäß ganz dicht an eine Wand, Ober- und Unterkörper bilden einen rechten Winkel. Die Hände liegen auf den Oberschenkeln oder locker neben dem Körper. Die Beine sind angewinkelt oder ausgestreckt. Der Kopf ist angelehnt oder leicht nach vorn gebeugt.

Bei den Droschkenkutschern abgeschaut

Unabhängigkeit von örtlichen Begebenheiten verschafft das Einüben der Droschkenkutscherhaltung. Der Vater des AT, Prof. J. Schultz, hat Mitte der zwanziger Jahre in Berlin die Droschkenkutscher auf ihrem Kutschbock beobachtet. Wenn die Kutscher auf ihre Herrschaften warten mussten, saßen sie in sich zusammengesunken auf ihrem Kutschbock und nutzten die Zeit für ein kleines »Nickerchen«. Diese Körperhaltung ist zwar die schwierigste, sie wird aber von vielen AT-Trainierenden nach wie vor sehr geschätzt. Die Suche nach einer passenden Sitzgelegenheit entfällt, so dass Sie sofort mit Ihrem Training beginnen können.

So wird's gemacht

- Setzen Sie sich auf den vorderen Teil Ihres Sitzmöbels, die Füße stehen fest auf dem Boden, etwa hüftbreit auseinander. Ober- und Unterschenkel stehen ca. im rechten Winkel, die Knie fallen »undamenhaft« auseinander.
- Die Arme hängen zunächst locker neben den Beinen.
- Stellen Sie sich ein dickes Gummiband vor, das an Ihrem Kopf befestigt ist. Das andere Ende wäre an der Zimmerdecke befestigt. So, stellen Sie sich nun vor, ich ziehe Ihren Oberkörper an diesem Gummiband nach oben (das ist nebenbei sogar noch gesund für Ihren Rücken). Sie strecken sich so hoch wie möglich, dabei einatmen – ich lockere jetzt langsam die Spannung des Gummis und Sie sinken, durch die Ausatmung unterstützt, leicht mit dem Oberkörper nach vorne, die Schultern sind noch fast über dem Becken.
- Richten Sie jetzt den Kopf so aus, dass er eine leichte Neigung nach vorne hat – probieren Sie so lange, bis Sie das Gefühl haben, der Kopf trägt sich von alleine.
- Ziehen Sie anschließend Ihre Unterarme auf die Oberschenkel. Sie hängen jetzt in Ihrem Knochen-/Gelenkapparat ohne unnötige Muskelanspannung.

Um die richtige Stellung des Kopfes herauszufinden, machen Sie einmal zwei extreme Kopfbewegungen. So finden Sie Ihr gesundes Mittelmaß. Legen Sie den Kopf einmal ganz weit nach hinten in den Nacken. Nun beugen Sie den Kopf langsam nach vorne, bis das Kinn auf die Brust drückt.

Abwandlungen

Kennen Sie bereits aus anderen Entspannungsverfahren bequeme und praktikable Körperhaltungen, können Sie diese selbstverständlich auch anwenden. Das Üben im Stehen, ob angelehntes oder freies Stehen, ist bei genügender Übung auch möglich. Zur Erinnerung: Wenn Sie körperlich gesund sind, wird Ihnen eine Haltung zusagen. Sind Sie krank, dann lernen Sie in der Ihnen möglichen Körperhaltung. Beherrschen Sie das AT, versuchen Sie die Ihnen bis dahin unangenehme Körperhaltung jetzt mit Hilfe der AT-Übungen noch einmal. Einem Kursteilnehmer, der in der Rückenlage immer Atemnot bekam, hat das spätere Einüben in dieser Lage sehr geholfen. Eine Verletzung zwang ihn für längere Zeit in die Rückenlage. Er überstand die Wochen ohne Beruhigungsmittel.

Unangenehme und beängstigende Situationen zu durchschreiten bedeutet immer Gewinn an Autonomie, auch unter schwierigen Lebensbedingungen.

Einen lustigen »selbst einstudierten« Trick verriet mir einmal ein Kurskind. »Immer wenn meine Augen mal nicht zugehen wollen, ziehe ich an einem Ohrläppchen. Und mache – Zack – gleichzeitig die Augen zu. Wollen sie mal nicht aufgehen, ziehe ich oben an dem anderen Ohrenende, und schwupp, sind sie gleichzeitig wieder auf.«

Eine Wohltat – der Augenschluss

Während des AT die Augen zu schließen wird Ihnen bestimmt gut tun. Auf diese Weise richten Sie Ihren Blick nach innen, und optische Außenreize werden ausgeblendet. Die Augen schließen wir, wenn wir schlafen wollen, uns ausruhen oder scharf nachdenken müssen und in Zukunft auch bei den AT-Übungen. Zu Beginn kann es ungewohnt sein, die Augen bewusst zu schließen. Vielleicht flattern Ihre Lider, oder Sie kneifen die Augen zusammen. Dabei handelt es sich um Anfangsirritationen, die nach einiger Zeit von allein verschwinden. Es kann auch sein, dass Sie sich beobachtet fühlen, das ist in ungewohnter Umgebung möglich, oder wenn fremde Personen anwesend sind.

Alpha-Wellen zeigen Entspannungszustand an

Sind Sie sehr ängstlich oder haben den Drang, immer alles kontrollieren zu müssen, kann es ebenfalls schwierig sein, die Augen geschlossen zu halten.

Dann gibt es einen einfachen Trick: Quälen Sie sich nicht weiter, sondern machen Sie einfach die Augen wieder auf. Wenn Sie sich selbst die Genehmigung erteilen, jederzeit die Augen öffnen zu dürfen, gelingt es Ihnen bestimmt auch irgendwann, sie angstfrei zu schließen. Halten Sie die Augen offen, ist es hilfreich, einen Gegenstand oder einen Punkt zu fixieren. Dadurch haben Außenreize auch weniger Möglichkeiten durchzudringen.

Als Übergangslösung können Sie den so genannten »Eulenblick« anwenden. Die Augen sind dabei lediglich einen kleinen Spalt weit geöffnet, der Weg bis hin zum Augenschluss ist dann nicht mehr weit. Wenn die Übungen des AT verinnerlicht sind, kann man durch ein EEG das Erscheinen von Alpha-Wellen im Gehirn nachweisen. Werden in dieser Phase die Augen spontan geöffnet, verändern sich die Hirnströme, und die Alpha-Wellen verschwinden. Ein Beweis, dass das Einüben des Augenschlusses sehr wertvoll ist. Die Alpha-Ströme treten im Gehirn auf, wenn wir geistig und körperlich entspannen – also auch beim AT.

Voraussetzungen für das Erlernen

Die wichtigste Voraussetzung ist Ihr Interesse am AT. Wenn Sie darüber hinaus noch eine große Portion Motivation und Glauben an sich selbst mitbringen, habe ich genau wie Sie keinen Zweifel mehr an Ihrem Erfolg. Vielleicht hat ein Arzt oder Psychotherapeut Ihnen das AT empfohlen, und Sie sind neugierig, was dahinter steckt. Oder Sie haben bei einem Bekannten Veränderungen im Umgang mit Stress bemerkt und erfahren, dass ihm die neuen Verhaltensstrategien durch den Erwerb des AT gelungen sind. Aber eines ist sicher: Wenn Sie sich bis zu dieser Stelle im Buch schon durchgearbeitet oder speziell unter diesem Abschnitt nachgeschlagen haben, bringen Sie eine wichtige Voraussetzung mit: Neugier und Wissensdurst – beides entscheidende Dinge um etwas Neues zu erlernen.

Hineinschnuppern ab sechs Jahren

Gibt es eine Altersvorgabe zum Erlernen des AT? Meine Devise lautet auf diese Frage: Beginnen sollte man mit dem AT so früh wie möglich, so spät wie nötig. Meine jüngsten Kurskinder sind sechs Jahre alt. In diesem Alter kann man von einem »Hineinschnuppern« in selbstentspannende Übungen sprechen, noch nicht von selbstständigem Gebrauch (mehr dazu ab Seite 86ff.). Bei Kindern bis zum zehnten Lebensjahr ist in der Regel häusliche Anleitung seitens der Eltern nötig.

Jeder sollte in unserer schnelllebigen Zeit über ein Entspannungs- und Konzentrationsverfahren verfügen. Kraftquellen in sich selbst anzulegen, anstatt immer nur nach außen orientiert zu sein, verschafft mehr Unabhängigkeit und Lebensqualität.

Zu spät ist es nie

Nach oben gibt es keine Altersbegrenzung. Ältere Menschen können aufgeschlossener und wissbegieriger sein als junge. Ihre Beweggründe, das AT zu erlernen: Meine älteren Kursteilnehmer wollen z.B. den Übergang von der Arbeitswelt ins Rentenalter mit Hilfe des AT fließender gestalten. Oder sie sind durch ein körperliches Gebrechen nicht mehr in der Lage, Sport zu treiben, und füllen diese Lücke mit dem AT. Ältere Menschen sind fast ausnahmslos sehr diszipliniert und konsequent im Einhalten des Übungsprogramms.

Gesundheit erhalten oder wieder neu zu erwerben bedeutet, die Veränderung bei sich selbst zu beginnen. Zu warten, dass die Menschen um uns herum sich verändern, heißt dagegen, in der eigenen Misere stecken zu bleiben und andere für den erlebten Zustand verantwortlich zu machen.

AT zur Vor- und Nachsorge

Unabhängig vom Lebensalter sind lediglich die gesundheitlichen Voraussetzungen bei allen Trainierenden zu schaffen. Wie Sie ja bereits wissen, gehört das AT sowohl in die Gesundheitsvorsorge als auch in die Nachsorge. Sie bringen deshalb ebenfalls gute Voraussetzungen mit, wenn Sie bereits einen »richtigen« Grund haben, das AT zu erlernen, wie häufige Kopfschmerzen, beginnende Unkonzentriertheit, das Auftreten von Magenbeschwerden usw. Ihre eigene Misere kann manchmal nützlich sein und die Motivation deutlich erhöhen, weil Sie ein bestimmtes Ziel vor Augen haben.

Grenzen des Autogenen Trainings

In meinem Beruf als Therapeutin in einer Fachklinik stoße ich häufiger auf solche Grenzen. So können Persönlichkeiten, die sich auf Grund ihres Lebensmusters (manchmal dient es zum Überleben) niemals in Frage stellen, das AT schlecht annehmen. Alles Lehren von außen wird bei narzisstischen Persönlichkeiten sehr schnell als belehrend eingestuft und kann schlecht angenommen werden.

Gründe für die Ablehnung des AT

- Wer sein Leben in zwanghaften, absolut starren Bahnen gestaltet, wird Neues aus Angst, die eigenen Ordnung könnte verloren gehen, nicht zulassen können.
- Wer hinter jedem Körpersignal eine lebensbedrohliche Krankheit vermutet (Hypochonder) und diese Haltung nicht aufgibt, sollte das AT nicht erlernen. Denn die verbesserte Körperwahrnehmung im AT kann diese Haltung verstärken.
- Wer an seinen Krankheitssymptomen festhält, wird sich das AT ebenfalls nie zu eigen machen. Denn wenn jemand glaubt, einen Gewinn aus seiner Erkrankung zu ziehen, wird er niemals bestrebt sein, etwas gegen seine Beschwerden zu unternehmen.

Nicht jeder will gesund werden

Ein Beispiel aus meinem klinischen Bereich: Ein Patient, der seine Therapie antritt, um seine Berufsunfähigkeit durchzusetzen, wird nie zugeben, dass die vielen krankengymnastischen Behandlungen sein kaputtes Bein wieder funktionsfähig gemacht haben, geschweige denn, dass seine körperlichen Unruhezustände durch das AT gemindert sind. Sein Ziel ist, früh Rente zu bekommen, nicht seinen Zustand zu verbessern.

Alle oben aufgeführten Grenzen können abgebaut werden. Wer ernsthaft mit sich in Verhandlung geht und hinter seine Fassade schaut, der wird persönliche Veränderung als deutliche Steigerung seiner Lebensqualität kennenlernen.

Die persönlichen Grenzen können mit professioneller Hilfe (Arzt, Therapeut) überwunden werden. Das AT wird dann häufig als zusätzliches Hilfsmittel gerne angenommen.

Hier ist das AT nicht geeignet

Absolute Kontraindikationen sind unter anderem schwere Psychosen wie Schizophrenie, endogene Depressionen und Hirnverletzungen. Menschen mit diesen und ähnlich schweren Krankheitsbildern befinden sich meist in ambulanter oder stationärer Behandlung. Hier wird im Einzelfall über den Einsatz von Entspannungs- und Konzentrationsverfahren entschieden.

Von frühgestörten Menschen (Borderline-Störung) wird das AT ebenfalls häufig abgelehnt. Die Unfähigkeit, sich voller Vertrauen auf ein Entspannungsverfahren einzulassen, ist der Hauptgrund der Ablehnung. Mit der Progressiven Muskelrelaxation (fortschreitende Muskelentspannung), einem anderen bewährten Entspannungsverfahren, erziele ich hier manchmal eher positive Ergebnisse.

Das Training richtig beenden

Warum das Ende an den Anfang stellen, denken Sie jetzt vielleicht? Bevor Sie mit den Übungen beginnen, ist es unbedingt wichtig, die »Zurücknahme« zu üben. Zurücknahme heißt, die AT-Übungen beenden. Jede Handlung hat eine Vorbereitungsphase, einen Mittelteil und einen Schluss. Als Sie Radfahren gelernt haben, war es zu

Benommenheit und Schwindel sind Ihnen vielleicht bekannt, wenn Sie morgens explosionsartig aus dem Bett aufspringen, ohne sich vorher genüsslich zu recken und zu strecken.

Beginn wichtig, die Funktion der Bremse zu kennen und zu trainieren, trotz Ihrer Ungeduld endlich losradeln zu wollen. Wer es anders versucht hat, kennt die vielen Beulen und Schürfwunden vielleicht noch zu gut. Genau so ist das beim AT. Wenn eine Entspannung nicht exakt beendet wird, sind Benommenheit, Schwindel oder Kopfschmerzen die Folge.

Bei Hund und Katze abgeschaut

Beobachten Sie einmal kleine Kinder, Hunde oder Katzen, bevor diese wach werden. Ihre Reflexe und Instinkte funktionieren noch ohne Störung. Bei ihnen steht das tiefe Einatmen, dann das Recken und Strecken vor dem Augenöffnen. Sie brauchen also nur eventuell verlerntes Verhalten wieder neu »auszupacken.« Das Beenden einer AT-Übung erfolgt immer nach dem gleichen Muster:

- Tief Luft holen! (den Atem danach kurz anhalten)
- Arme fest anziehen! (ein paar Mal im Ellenbogengelenk energisch beugen und strecken)
- Augen auf! (ausatmen)

Fühlen Sie sich unbeobachtet, gönnen Sie sich ruhig ein herzhaftes Recken und Strecken, Dehnen und Gähnen der Gliedmaßen. Wollen Sie nicht unbedingt jedem erklären, was Sie gerade tun, reicht auch mal ein kräftiges inneres Durchspannen der Muskulatur. Das Augenöffnen bitte immer an den Schluss stellen.

Rücknahme niemals auslassen

Die Rücknahme dient ebenfalls dazu, den Kreislauf wieder zu aktivieren. Wenn Sie einmal merken, dass Sie nicht genug zurückgenommen haben, holen Sie es einfach präzise nach. Auch wenn Sie sich durch äußere Reize, wie Telefon, Türklingel oder andere Geräusche, unterbrechen lassen, rate ich Ihnen, die Zurücknahme vorzunehmen. Sicher ist sicher. Wie nach einer Körperdusche: Sie trocknen sich auch erst ab, bevor Sie sich anziehen. Auch wenn Sie am Anfang noch keine Wirkung der Übungen spüren, trainieren Sie immer das Ende mit.

Ein kostenloses Rezept für Ihre Gesundheit

Ich möchte Ihnen gerne ein Rezept verschreiben, auf dem steht: »3-mal täglich Autogenes Training.«

- Wann sollten Sie das »Mittel« einsetzen? Zur Gesunderhaltung ebenso wie zum Abbau von Ungesundem.
- Wenn Sie sich an die angegebene Dosierungsanweisung halten, wirkt das AT. Sie werden schon nach kurzer »Einnahme der Übungen« ein verbessertes Wohlbefinden spüren. Die volle Wirkung entfaltet sich erst nach längerer Anwendungszeit.
- Was ist zu tun, wenn die Dosierungsvorschrift einmal nicht eingehalten werden konnte? Sie fangen dann wie gewohnt wieder mit der angegebenen Menge an.
- Was ist bei einer Überdosierung zu beachten? Je nach Befinden kann die angegebene Einnahmemenge nach Bedarf erhöht werden. Bei Abklingen der Beschwerden reduzieren Sie wie gewohnt auf die Anfangsdosis.
- Sind Nebenwirkungen zu erwarten? Auftretender Husten- oder Juckreiz, Lidflackern oder der Drang, sich bewegen zu müssen, können zu Beginn auftreten und sollten nicht unterdrückt, sondern beseitigt werden. Unterdrücken verschlimmert die Nebenwirkungen. Sie verschwinden im weiteren Übungsverlauf.
- Wie lange sollte das AT angewendet werden? Das »Präparat« ist seit Jahrzehnten erforscht und wird immer auf den neuesten Stand der Wissenschaft hin optimiert. Deshalb empfehlen die »Hersteller« eine lebenslange Anwendung.
- Gibt es Wechselwirkungen mit anderen Mitteln? Das AT verträgt sich nicht gut mit dauerhaftem Stress und dem Aufrechterhalten krankmachender Verhaltensweisen.
- Weil das Rezept immer wieder benutzt werden kann, ist kein Verfalldatum angegeben. Ein kräftiges Durchschütteln der Motivation sorgt dafür, dass sich seine Wirkung wieder voll entfaltet.

Wichtig !

Die Rücknahme entfällt, wenn Sie nach dem AT einschlafen wollen. Sie merken, dass das AT eine durch und durch logische Methode ist. Vor dem Einschlafen die Übung zurückzunehmen wäre ebenso unlogisch, wie sich vor dem Haare waschen die Haare zu trocknen.

Die Übungen des Autogenen Trainings

Hier finden Sie ein komplettes Übungsprogramm. Beherrschen Sie das Autogene Training, werden viele Hilfen unnötig; andere werden Sie dauerhaft beibehalten.

Das Gebäude Ihres AT-Trainings

Ich möchte Ihnen anhand eines Bildes die Türen zu den einzelnen AT-Übungen öffnen. Ich lade Sie ein, Schritt für Schritt Ihr »AT-Haus« zu bauen. (Ich selbst baue gerade mit meiner Familie tatsächlich ein Haus. Deshalb ist mir dieses Beispiel eingefallen.) Sie haben sich bis jetzt ein theoretisches Fundament erarbeitet.

Vielleicht haben Sie auch Lust gehabt, den einen oder anderen angebotenen Hinweis auszuprobieren. Aber jetzt sind die Vorbereitungen abgeschlossen, Sie beginnen das »AT-Haus« aufzurichten. Ihr Heim wird sieben Zimmer (= Übungen) haben, vielleicht kommt später noch der ein oder andere Nebenraum (= Zusatzübungen) hinzu. Jedes Zimmer, das Sie beziehen, wird von Ihnen »beseelt« werden. Sie füllen die AT-Übungen mit Leben.

Genug Raum für eigene Gestaltung

In einigen Räumen werden Sie sich ganz besonders wohl fühlen, das werden Ihre Lieblingsübungen sein. Andere Räume werden Sie wegen ihrer Nützlichkeit schätzen lernen, diese Übungen setzen Sie dann zu einem bestimmten Zweck ein. Der Umgang mit dem Autogenen Training ist vergleichbar mit unserer Muttersprache. Es gibt einen bestimmten Wortschatz, es gibt definierte Regeln für die Grammatik und Aussprache, aber darüber hinaus hat jeder seine eigene Betonung und Ausdrucksweise entwickelt. Genauso werden Sie auch Ihren eigenen AT-Übungsstil finden.

Ich freue mich, dass ich Ihr Architekt sein darf. Lassen Sie sich vom Spiel der Wörter und Sätze inspirieren. Entdecken Sie für sich unsympathische Wortelemente, ersetzen Sie diese einfach durch eigene harmonischere. Denn ob Ihre Fliesen braun oder gelb sind, ob Sie weiße oder schwarze Türen einsetzen, entscheiden Sie ganz alleine.

Es würde mich freuen, wenn Sie an möglichst vielen Stellen des Buches innehalten und die eine oder andere Anregung ausprobieren. Mein Anliegen ist es, dass Sie nicht nur eine Methode erlernen, sondern das AT wie eine zweite Haut überstreifen.

Jede Woche eine neue Übung

Wichtig! Bitte lassen Sie sich für jede Übung eine Woche Zeit, so als ob Sie einen AT-Kurs besuchen, der immer am gleichen Wochentag stattfinden würde. Sie finden im nachfolgenden Text die komplette Textform zum Autogenen Training, die Pläne für Ihr fertiges AT-Haus. Ich habe die einzelnen Textabschnitte zur Vereinfachung nummeriert. Vielleicht markieren Sie sich diese Seite des Buches mit einem Lesezeichen. Denn bei den einzelnen Übungen gebe ich immer an, wie Ihr Trainingsprogramm mit der Textform des AT für eine Woche aussieht.

Textform zum Autogenen Training

1. • Bequeme Sitz- oder Liegehaltung einnehmen.
   • Tief einatmen, am Ende der Ausatmung die Augen schließen.
2. • Geräusche sind völlig gleichgültig, Gedanken kommen und gehen.
   • Geräusche sind völlig gleichgültig, Gedanken kommen und gehen.
   • Geräusche sind völlig gleichgültig, Gedanken kommen und gehen.
3. • Ich bin ganz ruhig. Ich bin ganz ruhig. Ich bin ganz ruhig, ruhig und gelassen.
4. • Meine Arme sind ganz schwer. Meine Arme sind ganz schwer. Meine Arme sind ganz schwer.
   • Meine Beine sind ganz schwer. Meine Beine sind ganz schwer. Meine Beine sind ganz schwer.
   • Mein ganzer Körper ist schwer.
   • Ich bin ganz ruhig, ruhig und gelassen.
5. • Mein rechter Arm ist warm, wohlig warm. Rechter Arm warm, rechter Arm warm.
   • Mein linker Arm ist warm, wohlig warm. Linker Arm warm, linker Arm warm.
   • Meine Beine sind warm, wohlig warm. Beine warm, Beine warm.
   • Ganzer Körper wohlig warm.
   • Ich bin ganz ruhig, ruhig und gelassen.
6. • Mein Herz schlägt ruhig und gleichmäßig. Mein Herz schlägt ruhig und gleichmäßig. Mein Herz schlägt ruhig und gleichmäßig.
   • Ich bin ganz ruhig, ruhig und gelassen.
7. • Atmung ganz ruhig und gleichmäßig. Es atmet mich. Es atmet mich.
   • Ich bin ganz ruhig, ruhig und gelassen.
8. • Mein Sonnengeflecht ist strömend warm. Mein Sonnengeflecht ist strömend warm. Mein Sonnengeflecht ist strömend warm.
   • Ich bin ganz ruhig, ruhig und gelassen.
9. • Meine Stirn ist angenehm kühl. Meine Stirn ist angenehm kühl. Meine Stirn ist angenehm kühl.
   • Ich bin ganz ruhig, ruhig und gelassen.
10. Zurücknahme:
   • Tief Luft holen; • Arme fest anziehen; • Augen auf.

1. Übungswoche – Ruhe

Die Tipps am Ende einer Übung können ihnen zu einer verbesserten Körperwahrnehmung verhelfen und auch obendrein noch Spaß machen!

Zur Erinnerung:

- Üben Sie 3-mal täglich, zu Ihren festgesetzten Zeiten an Ihrem Ruheort.
- Halten Sie sich zu Beginn an die Übungsdauer von ungefähr 2 bis 3 Minuten.
- Verinnerlichen Sie die jeweiligen Formeln des AT und warten Sie gelassen auf die Wirkung, auf das Echo.

Das Vorstellen der Formelinhalte kann auf verschiedene Weise geschehen. Vielleicht lassen Sie die Formeln in Leuchtbuchstaben vor Ihren geschlossenen Augen ablaufen. Oder es ist hilfreich, Sie »setzen« die Formeln auf eine bekannte Melodie, die immer wieder neu erklingt. Bei den einzelnen Übungen biete ich Ihnen einige Hilfsvorstellungen an, die Sie ermutigen sollen, eigene dauerhafte Verbindungen zu den Übungen herzustellen. Die am häufigsten auftretenden Irritationen zu Beginn erwähne ich jeweils bei den einzelnen Übungen, ebenso auch die Wirkung der Übungen.

Vergessen Sie bei der Übung alle eleganten Posen und richten sich so entspannt wie möglich in Ihrem Lieblingssessel ein.

Die Ruhetönung

Die Übungen des AT werden mit der »Ruhetönung« eingeleitet. Sie lautet: Ich bin ganz ruhig.

Sind Sie bereit? Also los.

- Nehmen Sie eine bequeme Körperhaltung ein.
- Holen Sie tief Luft, und schließen mit der Ausatmung die Augen.
- Achten Sie nun bewusst auf Geräusche, die Sie noch außerhalb und innerhalb Ihres Raumes hören. Entwickeln Sie eine Einstellung nach dem Motto: »Ich höre zwar noch dies oder jenes, doch es soll mich nicht stören. Im Moment bin ich selbst viel wichtiger. Geräusche sind völlig gleichgültig.«
- Verfahren Sie genauso mit Ihren Gedanken. Lassen Sie Ihre Gedanken in Ihrer Vorstellung durch ein großes Sieb fallen. Seien Sie unbesorgt, wichtige Gedanken tauchen meist später wieder auf. Gedanken kommen und gehen.

- Nach einiger Zeit verkürzen Sie automatisch diese Vorstellung auf die Kernsätze: Geräusche sind völlig gleichgültig. Gedanken kommen und gehen.
- Sie sind jetzt gut vorbereitet, um durchlässig die Ruhetönung aufzunehmen. Ich bin ganz ruhig, ich bin ganz ruhig, ich bin ganz ruhig, ruhig und gelassen.
- Zurücknahme: tief Luft holen, Arme fest anziehen, Augen auf.

Wirkung und mögliche Störfaktoren

Die Wirkung der Ruhe: Die Ruhetönung kann bei Ihnen schon zur Beruhigung der Nerven führen. Ebenfalls können sich Ihre Körpermuskeln schon von dieser Ruhe inspiriert fühlen und entspannen. Ohne weiteres kann dieser positive Impuls auch schon an Ihre Nerven weitergeleitet worden sein. Die Ruhetönung zieht sich wegen ihrer hohen Wirksamkeit wie ein roter Faden durch Ihr gesamtes Übungsprogramm.

Mögliche Irritationen, wie Augenzucken, Lidflattern, Räuspern oder häufige Schluckbewegungen, manchmal auch vermehrte Unruhe, verschwinden nach kurzer Zeit.

Haben Sie Geduld, Sie befinden sich gerade in den Startlöchern, da dürfen Sie ruhig ein wenig irritiert sein.

Das kennen Sie, die Aussage »Ich werde in zwei Tagen duschen gehen«, davon werden Sie jetzt nicht sauber. Es muss heißen »Ich gehe duschen«.

Tipps und Tricks

- Wichtig! Stellen Sie die AT-Formeln nie in eine andere zeitliche Verlaufsform um, etwa »Ich werde irgendwann ganz ruhig«. Im AT wird immer der Zustand angesprochen, der erreicht werden soll. Unser Körper nimmt etwas in die Zukunft Gerichtetes nicht an.
- Beschäftigen Sie sich in dieser Woche doch einmal intensiv mit dem Sinngehalt des Wortes Ruhe. Was würden Sie beispielsweise malen, fotografieren, kreieren zu dem Begriff Ruhe? Wann und wo haben Sie schon einmal Ruhe genießen können? Wenn Ihnen eine besonders schöne intensive Verbindung zu Ruhe einfällt, lassen Sie dieses Bild zusammen mit der AT-Formel auf sich wirken. Bleiben Sie aber über einen langen Zeitraum bei dieser Verbindung.

- Sind Sie sehr unkonzentriert, versuchen Sie Folgendes: Verknüpfen Sie die Formel mit Ihrem Atemrhythmus. Auf »Ich bin« einatmen. Bei »ganz ruhig« langes Ausatmen.

Es wird Ihnen bei dieser Kombination schwer fallen, noch an Ihren nächsten Termin zu denken. Dieses Hilfsmittel können Sie bei allen Formeln zur Unterstützung anwenden.

Das Verhalten ändern

Probieren Sie in dieser Woche auch mal neues Verhalten aus. Wenn Ihnen etwas nicht gelingt und Sie wollen wie gewohnt aus der Haut fahren, schieben Sie vorher den Satz »Ich bin ganz ruhig« ein. Sie werden merken, die Reaktion fällt gedämpfter aus.

Sind Sie aber eher jemand, der immer still und brav alles an Ärgernissen runter schluckt und in sich hineinfrisst, schimpfen Sie einmal laut und kräftig, und sagen danach erst »Ich bin ganz ruhig« um Ihren Schrecken über Ihren eigen Mut wieder zu dämpfen. Eine ältere Dame hat mir mal gesagt, »Fluchen hilft sofort, beten etwas später«. Also los, worauf warten Sie!? Ich wünsche ihnen viele beeindruckende Erfahrungen in Ihrer Ruhewoche. Nach dem Motto: »Heute besuche ich mich selbst, hoffentlich bin ich zu Hause!«

Umdenken und Neuorientierungen, Zielsetzungen und Selbstkritik sind in einem entspannten Zustand eher möglich. Gefühle wie Ärger, Wut, Neid, Hass sind in der Entspannung kaum möglich.

2. Übungswoche – Schwere

Ich begrüße Sie zur zweiten Übungswoche. Wie waren Ihre ersten Erfahrungen mit AT? Haben Sie schon einige typische Stressmuster bei sich aufgespürt? Konnten Sie die Ruhetönung schon in Ihren Tag einbauen?

Die Schwereübung

Heute machen wir mit der Schwereübung weiter. Die neue Formel lautet:

- Meine Arme sind ganz schwer (3-mal)
- Meine Beine sind ganz schwer (3-mal)
- Mein ganzer Körper ist schwer (1-mal)

Wenn Ihnen schon mal ein kleines Kind auf dem Arm eingeschlafen ist, empfinden Sie das Kind im schlafenden Zustand deutlich schwerer, als wenn es wach ist. Das Kind lässt alle Muskeln, die es zur Körperspannung benutzt hat, los, es hängt an seinem Knochengerüst.

Schwere bedeutet beim AT Muskelentspannung. Eine entspannte Muskulatur ist Ihnen sicher bekannt. Die Muskeln entspannen sich nach körperlicher Arbeit und sportlicher Leistung.
Die Muskelentspannung erfolgt zunächst in Ihren Armen; sind Sie Rechtshänder, wählen Sie zunächst diesen Arm. Linkshänder mögen es meist, mit ihrem Gebrauchsarm anzufangen. Dann gehen Sie weiter zu den Beinen. Später erleben Sie die Muskelentspannung im ganzen Körper.

Erst mal probieren

Eine kleine Vorübung: Setzen Sie sich bequem hin und strecken Sie Ihren Lieblingsarm einmal gestreckt nach vorne aus. Spannen Sie den gesamten Arm für eine bis eineinhalb Minuten fest an.
Nun lassen Sie den Arm entspannt auf Ihr Bein fallen, schließen die Augen und spüren, wie sich die vorher angespannten Muskeln nach und nach entspannen. Lauschen Sie in die beginnende Muskelentspannung hinein. Wenn Sie mögen, machen Sie das Gleiche mit dem anderen Arm.
Lesen Sie nun zuerst den nachfolgenden Text und beginnen Sie dann die Übung zu realisieren. Die Anweisungen formuliere ich ab jetzt in abgekürzter Form, damit sich Ihr Körper daran gewöhnt. Für das Umsetzten der Formelinhalte wähle ich nach wie vor Beispiele, die Sie am Anfang als Hilfsvorstellungen benutzen können; wenn Sie eine Übung verinnerlicht haben, reduzieren Sie auf die jeweils kurze Formel des AT, wie in der Textform angegeben.

Der Übungsbeginn – die Arme

- Bequeme Körperhaltung einnehmen. Augen zu.
- Richten Sie nun Ihre Aufmerksamkeit auf Ihren Lieblingsarm, spüren Sie ihn von den Fingerspitzen bis zum Schultergürtel. Machen Sie sich einmal bewusst, dass Ihr Arm ein Eigengewicht von ungefähr drei bis vier Kilogramm hat. Dieses Gewicht liegt nun schwer und ohne Muskelanspannung auf der Unterlage. Den Arm jetzt anheben zu wollen, würde Sie viel Mühe kosten.

Machen Sie den Test: Heben Sie den entspannten Arm einen Zentimeter an, lassen Sie ihn wieder fallen und genießen Sie die Schwere und Muskelentspannung in ihrem Arm. Sagen Sie zu sich selbst: Mein Arm ist ganz schwer (3-mal).

- Nun machen Sie genau das gleiche in Ihrer Vorstellung mit dem anderen Arm und sagen zu sich selbst: Mein Arm ist ganz schwer (3-mal).
- Nun verkürzen Sie die AT-Formel und sagen zu sich selbst: Meine Arme sind ganz schwer (3-mal).
- Zurücknahme!

Es wird Ihnen anfangs leichter fallen, Ihren Körper in »Abschnitten« wahrzunehmen, später gelingt es Ihnen, die Gesamtentspannung in einem herbeizuführen.

Wechsel zu den Beinen

Wenn Sie mögen, machen Sie eine kurze Pause und wenden sich dann Ihren Beinen zu.

- Bequeme Körperhaltung einnehmen. Augen zu.
- Konzentrieren Sie sich auf Ihr Lieblingsbein und nehmen Sie es ganz bewusst wahr. Stellen Sie sich einmal vor, dass unter Ihren Beinen eine Magnetplatte liegt; das Gegenstück dieses Magneten ist fest im Boden verankert. Sie spüren, von den Magneten angezogen, die angenehme Muskelentspannung in ihrem Bein. Sie haben gar keine Lust, das Bein anzuheben, sondern genießen die Muskelentspannung in Ihrem Bein und sagen zu sich selbst: Mein Bein ist ganz schwer (3-mal).
- Machen Sie nun das Gleiche in Ihrer Vorstellung mit dem anderen Bein und sagen zu sich selbst: Mein Bein ist ganz schwer (3-mal).
- Sie verkürzen die Formel jetzt: Meine Beine sind ganz schwer (3-mal).
- Zurücknahme!

Die Wirkung und mögliche Störfaktoren

Die Wirkung der Schwere: Muskelentspannung wird als sehr wohltuend erlebt. Nicht selten tritt schon bei der Schwere-Übung ein Gefühl von strömender Körperwärme auf, ein gutes Zeichen, dass die Formeln sich ausbreiten.

Mögliche Irritationen:

- Am Anfang eventuell das Gefühl, als ob man eine »schiefe« Körperhaltung innehabe. Manchmal wird ein Gefühl der Leichtigkeit beschrieben und nicht ein Gefühl der Schwere, beides sind aber deutliche Hinweise auf Muskelentspannung.
- Anhaltende Schwere nach dem AT deutet auf ungenügende Rücknahme hin, holen Sie diese kräftig nach.
- Traurige und depressive Verstimmungen können dazu führen, das Wort »schwer« als unangenehm zu empfinden. Eine Änderung auf: »Meine Arme und Beine sind locker und entspannt« führt dann ebenfalls zu Entspannung der Muskeln.

Wenn Sie Ihren Muskeln erlauben, sich zu lockern, wird auch Ihr Geist zur Ruhe kommen!

Ihr Übungsprogramm für die kommende Woche umfasst jetzt 3-mal täglich:

- *Die Vorbereitungsphase*
- *Die Ruhetönung*
- *Die Schwereübung (siehe Textform 1.–4.)*
- *Zurücknahme*

Tipps und Tricks

Denken Sie in dieser Woche einmal häufiger an Ihre Arme und Beine. Machen Sie sich ab und zu einmal bewusst, wie viele Funktionen Ihre Arme und Beine täglich für Sie vollbringen. Vielleicht haben Sie daraufhin Lust, Arme und Beine einmal ganz besonders zu pflegen? Ihnen wird schon etwas einfallen.

3. Übungswoche – Wärme

Eine weitere AT-Woche liegt nun hinter Ihnen. Ist Ihnen die Ruhe-Schwere-Kombination schon manchmal gelungen? Fällt es Ihnen bereits leicht, Ihren Übungsrhythmus einzuhalten?

In jedem Fall – weitermachen

Auch wenn Sie vielleicht die Schwere nicht in allen Körperteilen gespürt haben, machen wir mit der nächsten Übung weiter. Es kann durchaus einmal sein, dass Sie eine Übung nicht gleich in einer Woche »spüren«. Sie machen dann trotzdem mit der nächsten Übung weiter. Häufig öffnet eine nachfolgende Übung den Zugang zur vorangegangenen. Wie mit einem verlegten Schlüssel: Die Tür geht wieder auf, wenn Sie den Schlüssel gefunden haben. Gefühle und Körperwahrnehmungen kennen da keine Vernunft, Sie laufen nach eigenen Gesetzmäßigkeiten ab. Es sei hier der Zustand des Verliebtseins angeführt, jeder kennt dieses Körpergefühl, aber bewusst lässt es sich nicht herbeiführen. Um so spannender ist es, wenn es in unerwarteten Momenten auftritt.

Diese Beispiele machen deutlich, dass unser Gefäßsystem ein lebendiger Apparat ist, mit wechselndem Druck und wechselnder Strömungsgeschwindigkeit. Alles, was Sie erleben, ist mit dem gesamten System verschaltet.

Die Wärmeübung

Sie beginnen heute mit der Wärmeübung des AT. Die neue Formel auf die Sie sich konzentrieren, lautet:

- Mein rechter Arm ist warm, wohlig warm. Rechter Arm warm, rechter Arm warm.
- Mein linker Arm ist warm, wohlig warm. Linker Arm warm, linker Arm warm.
- Meine Beine sind warm, wohlig warm. Beine warm, Beine warm.
- Ganzer Körper wohlig warm.

Was passiert bei der Wärmeübung des AT?

Durch Ihre Konzentration auf Wärme kommt es zur Erweiterung der Blutgefäße im Körper. Wenn ein Muskel entspannt ist, wie bei der Schwereübung, ist er automatisch auch gut durchblutet. Das werden Sie bei der Konzentration auf Wärme immer deutlicher spüren. Das »Spiel« der Blutgefäße in Ihrem Körper ist Ihnen aus verschiedenen Situationen geläufig. Denken Sie mal an ein plötzliches Erröten »Da ist mir das Blut ins Gesicht geschossen«. Oder Sie werden vor Schreck ganz blass im Gesicht: »Was ist los, du hast ja keinen Blutstropfen mehr im Gesicht?«

Weitere vegetative Erscheinungen sind z.B. Hitzewallungen oder kalte Füße. Wir haben natürlich bei einem roten Kopf nicht mehr Blut im Körper, das Blut verteilt sich nur anders.

Eine Vorübung:

Strecken Sie einen Arm hoch in die Luft und bleiben Sie so für gut eine Minute. Das Blut fließt jetzt aus dem hoch gestreckten Arm zurück in Ihren Körper. Sie stellen so eine künstliche Unterversorgung in diesem Arm her. Ist Ihr Arm noch oben? Übrigens, Ihr zu fest sitzender Ring geht jetzt gut vom Finger ab. Gleich lassen Sie Ihren Arm herunterfallen, noch nicht! Das Blut schießt dann automatisch zurück in diesen Arm, Sie werden das deutlich als fließende Bewegung oder als Kribbeln in den Fingerspitzen spüren. Schließen Sie zum besseren Empfinden die Augen und lassen nun den Arm fallen. Spüren Sie das Zurückfließen des Blutes und das Kribbeln in den Fingerspitzen?

Keine Angst, Sie brauchen nicht immer so umständliche Vorübungen zu machen, um die Bewegung ihres Blutes zu fühlen. Eine sehr einprägsame Hilfe, Armwärme herzustellen, ist ein warmes Armbad. Sie legen Ihre Unterarme und Ellenbogen für einige Zeit in warmes Wasser, trocknen Sie ab und machen dann zeitnah die Wärmeübung.

Solche Erlebnisse prägen sich ein, der Körper greift beim nächsten Mal aus seiner Erinnerung selbstständig darauf zurück.

Wichtig

Die wenigsten Menschen mögen Wärme im Kopfbereich. Deshalb leiten Sie in Ihrer Vorstellung die Wärme immer nach unten, weg vom Kopf. Bei der Kopfübung (Seite 71 ff.) gehen wir noch näher darauf ein.

Übungsbeginn – die Arme

Lesen Sie nun wieder zunächst den folgenden Text und machen dann die Übung:

- Bequeme Körperhaltung. Augen zu.
- Konzentrieren Sie sich auf Ihren rechten Arm, nehmen Sie ihn bewusst wahr. Stellen Sie sich nun bildhaft vor, wie Sie mit jeder Ausatmung eine warme Welle in Ihren rechten Arm schießen lassen – mit jeder Ausatmung fließt eine warme Welle in den rechten Arm – wohlige Wärme strömt in Ihren rechten Arm bis in die Fingerspitzen. Sie sagen zu sich selbst: Mein rechter Arm ist warm, wohlig warm, rechter Arm warm, rechter Arm warm.
- Machen Sie nun die gleiche Übung mit dem linken Arm. Genießen Sie die Erweiterung Ihrer Blutgefäße in den Armen, spüren Sie wie Ihr Energieträger, das Blut ungehindert durch Ihre Arme fließt. Nirgendwo wird das Blut angehalten.
- Zurücknahme!

Ja, Sie können auf Ihre Blutgefäße Einfluss nehmen. Vielleicht machen Sie eine Pause und wenden sich später Ihren Beinen zu.

Wechsel zu den Beinen

Treffen Sie alle nötigen bekannten Vorbereitungen. Lesen Sie erst wieder die Übung:

- Konzentrieren Sie sich einmal auf die Stelle, wo die rechte Hand den rechten Oberschenkel berührt. Genau an dieser Stelle ist schon eine Wärmequelle, denn Berührung bedeutet immer Wärme (denken Sie an die Umarmung eines lieben Menschen). Lassen Sie einfach in Ihrer Vorstellung von dieser Stelle aus die Wärme weiter fließen bis in Ihre Fußspitzen. Stellen Sie sich das Weitwerden Ihrer Blutgefäße genau vor, spüren Sie Wärme, die in Ihr rechtes Bein fließt, und sagen Sie zu sich selbst: Mein Bein ist ganz warm, wohlig warm (3-mal).
- Machen Sie nun das Gleiche mit dem linken Bein.
- Später verallgemeinern (generalisieren) Sie auf: Meine Beine sind warm, wohlig warm, Beine warm, Beine warm.
- Zurücknahme!

Das Auf und Ab des Blutdrucks

Sicher verstehen Sie nun, warum ich auf das Trainieren der Rücknahme am Anfang so viel Wert gelegt habe. Die Übungen werden immer intensiver, und Ihr Körper braucht den Befehl, wieder auf Aktivität umzuschalten. Wenn Sie unter zu hohem oder zu niedrigem Blutdruck leiden, nimmt die Wärmeübung hier phantastischen Einfluss. Vielleicht haben Sie sich bis jetzt auch gewundert, warum ich es für wichtig halte, Ihren behandelnden Arzt über Ihr AT-Training zu informieren. Die »Qualität« Ihres unruhigen Blutdrucks können Sie nur selbst mit Ihrem Arzt festlegen. Da die Wärmeübung die Gefäße weit stellt und hoher Blutdruck (Hypertonie) die Gefäße verengt, ist es logisch, dass sich Ihr zu hoher Blutdruck durch das AT automatisch senkt.

Ihr Übungsprogramm für die kommende Woche umfasst jetzt 3-mal täglich:

- *Die Vorbereitungsphase*
- *Die Ruhetönung*
- *Die Schwereübung*
- *Die Wärmeübung (Textform 1.–5.)*
- *Zurücknahme*

Keine Angst bei niedrigem Blutdruck (Hypotonie). Vielleicht fühlen Sie sich durch ein Absacken Ihres Blutdruckes häufig antriebsarm und haben kalte Hände und Füße. Diese Erscheinungen lassen sich mit Hilfe des AT beseitigen. Sehr bewährt hat sich die immer wieder eingeschobene Formel: »Mein Kreislauf ist und bleibt stabil«, oder: »Nach dem Training bin ich frisch und aktiv.« Eine exakte, intensive Rücknahme ist für Sie sehr wichtig. Aber das kennen Sie ja sicher aus eigener Erfahrung, wenn Sie morgens aufstehen und sich nicht vorher recken und strecken, wird es Ihnen schwindelig.

Die Wirkung und mögliche Störfaktoren

Die Wirkung der Wärme: Durch die Weitstellung der Blutgefäße wird eine tiefe körperliche und seelische Ruhe erreicht.

Mögliche Irritationen:

- Eine überschießende Reaktion, wie z. B. zu heiße Hände, lässt sich durch ein Abschwächen der Formel beseitigen, z. B.: Meine Arme sind ein wenig warm oder angenehm warm.
- Schwindel nach einer Übung beseitigen Sie durch nochmalige intensive Rücknahme.

Gott gebe mir die Gelassenheit, Dinge anzunehmen, die ich nicht ändern kann. Den Mut, Dinge zu ändern, die ich ändern kann, und die Weisheit, das eine vom anderen zu unterscheiden.
Pfarrer F. Ottinger

Tipps und Tricks

Denken Sie in dieser Woche häufiger mal an den Zusammenhang zwischen Ihren Gemütsbewegungen (Wut, Schmerz, Freude) und den damit verbundenen Regungen Ihrer Gefäße.

Eine Episode aus der Praxis, ich nenne sie immer »den negativen Wärmezugang«: Eine junge Frau von 19 Jahren saß mir im Kurs immer genau gegenüber. Ihr Gesichtsausdruck wirkte eher missmutig, und dem AT gegenüber war sie »zu wie eine Auster«. Erstaunlicherweise war sie bei jedem Treffen anwesend (ich glaube, ihre Mutter hat sie geschickt).

Am Tag der Wärmeübung kam sie trotz schlimmer Zahnschmerzen. Nach der Wärmeübung strahlte sie mich herzlich an und sagte: »Jetzt habe ich noch mehr Zahnschmerzen!« Sie können sich vielleicht mein Gesicht vorstellen. Was war passiert? Zahnschmerzen gehören in der Regel zu den Beschwerden, bei denen Sie eher durch Kälte Linderung erzielen. Aber, unser Bann war gebrochen, das AT hatte die junge Frau überzeugt, wenn auch einmal durch einen negativen Zugang.

Eine Zwischenbilanz

Wir können uns unsere vegetativen Reaktionen so vertraut machen, das wir unser eigenes »Nervenkostüm« gern tragen. Das AT verhilft uns dazu, den Leistungsbereich jederzeit aktiv zu verlassen, und eine Umschaltung auf Erholung herbeizuführen.

Bergfest! Herzlichen Glückwunsch! Sie haben die drei Basisübungen des AT abgeschlossen. Drei wichtige AT-Räume sind behaglich von Ihnen eingerichtet. Vielleicht fehlt hier und da noch ein Bild an der Wand; wenn Sie geduldig warten, werden Sie das passende finden. Denken Sie daran, beim AT stellt sich die Wirkung meist ganz nebenbei ein. Wie bei der krampfhaften Suche nach einem verlorenen Gegenstand: Sie finden ihn wenn Sie innerlich loslassen, das »Versteck« fällt Ihnen dann meist ganz spontan ein.
Durch Ihr Erlernen der Ruhe-, Schwere- und Wärmeübung haben Sie sich in die Lage versetzt, Ihr vegetatives Nervensystem zu beeinflussen. Sie können aktiv den parasympathischen Teil (siehe Seite 25) Ihres Nervensystems beeinflussen. Dafür dürfen Sie sich erst einmal zurücklehnen und sich ein herzhaftes Lob aussprechen.

Eigenlob stinkt keineswegs

Übrigens, Sie sollten sich im Tagesablauf immer wieder mal loben, das stärkt Ihr Selbstwertgefühl und gibt Ihnen positiven Antrieb. Stellen Sie am Abend fest, dass Sie im Tagesablauf zu sparsam mit Eigenlob waren, holen Sie es einfach nach. Der Körper nimmt auch ein verspätetes Lob dankbar an, oder schlagen Sie ein Geschenk aus, das ein paar Stunden verspätet ankommt?
Mit dem Erwerb der Basisübungen können Sie beginnen, mit so genannten Leitsätzen zu arbeiten. Ein weiterer unschätzbarer Vorteil des AT. Lesen Sie dazu auf Seite 78 ff. nach!

Im Einklang mit den inneren Organen

Nach den Basisübungen beginnen Sie nun, sich Ihren Körperorganen zuzuwenden. Viele Menschen reagieren in Stresssituationen mit Organempfindungen (siehe Psychosomatik, Seite 18 ff.). Durch das Erspüren der »Organübungen« werden Sie sicherer, Fehlreaktionen aus Ihrer Umwelt zu erkennen und unwirksam zu machen. Diese »Spezialübungen« dienen also in erster Linie dazu, dass Sie sich innerlich sonst eher unwillkürlichen Körperreaktionen zuwenden. Die Übungen haben den Sinn, Gesundes in Ihnen zu stabilisieren. Bestehen bereits ungesunde Begleiterscheinungen – etwa wie Pulsrasen, Bauchkrämpfe oder Kopfdruck – und haben Sie »Gott sei Dank« keine organischen Befunde von Ihrem Arzt, helfen die Übungen des AT, bereits Ungesundes abzubauen und zu beseitigen.

Abwehrreaktionen aufspüren

Sie werden im Folgenden die Übungen in der klassischen Reihenfolge kennenlernen: Herz-, Atmung-, Bauch- und Kopfübung. Es kann sein, dass Sie mal eine Übung als unangenehm oder unwirksam erleben. Gehen Sie dann einfach weiter zur nächsten Übung. Abwehrreaktionen bei einzelnen Übungen haben meist einen ganz persönlichen Hintergrund. Ist dieser aufgespürt und behandelt, wird die passende Übung nicht mehr bedrohlich sein, und Sie können sie wieder ins Übungsprogramm aufnehmen.

Ein Beispiel: Meine Mutter verstarb vor 20 Jahren an einem unerwarteten, plötzlichen Herztod. Bis zu diesem Zeitpunkt habe ich die Herzübung als sehr wohltuend erlebt. Von diesem Tag an bekam ich Herzrasen und Schweißausbrüche, wenn ich nur in die Nähe der Übung kam. Der Versuch, die Übung wegzulassen, scheiterte an der Gewohnheit des Übungsablaufes. Die Neutralisierung der Formel auf »Herzschlag völlig gleichgültig« macht diese Übung zwar immer noch nicht zu meiner Lieblingsübung, aber ich kann den positiven beruhigenden Nutzen der Übung wieder wertschätzen.

Zur Erklärung: Das Wort »gleichgültig« können Sie immer dann einsetzen, wenn Sie Erlebnisse oder Körpersensationen unbefangener und nüchterner sehen wollen.

4. Übungswoche – Herz

Wie haben Sie die letzte Woche verbracht? Haben Sie manchmal an Ihre zwei »Stresstöpfe« Eustress und Disstress gedacht (siehe Seite 28 ff.)? Wenn nicht, lesen Sie einfach noch einmal nach.

Sicherlich gab es Tage, an denen die AT-Übungen gut geklappt haben. Vielleicht gab es auch Situationen, wo Zweifel an der Wirksamkeit der Methode auftraten. Sie sind auf dem richtigen Weg.

Denken Sie an Dinge, die Sie in Ihrem Leben erlernt haben und die Sie heute wie selbstverständlich beherrschen. Sie hatten dabei ein Ziel vor Augen, sind munter losmarschiert und manchmal vielleicht ein wenig abgerutscht. Aber durch einen kleinen Rückschritt haben Sie von unten die Haltegurte entdeckt, die Sie vorher in Ihrem Elan vielleicht übersehen hatten. Genauso ist das beim Erlernen des AT; nutzen Sie einen Trainingsstillstand oder Trainingsrückschritte, um Vergessenes noch einmal nachzulesen.

Die Herzübung

Mit Beginn der heutigen Übung fangen Sie an, sich mit Ihren Körperorganen »anzufreunden«. Als erstes wenden Sie sich Ihrem lebenswichtigen Inneren zu, Ihrem Herzen. Ein gesundes Herz reagiert auf die neue »Standardformel« sehr zuverlässig, sie lautet:

- Mein Herz schlägt ruhig und gleichmäßig.
- Mein Herz schlägt ruhig und gleichmäßig.
- Mein Herz schlägt ruhig und gleichmäßig.

Wenn Sie niedrigen Blutdruck haben, wird die Formel »Mein Herz schlägt ruhig und kräftig« bessere Erfolge erzielen. Ältere Menschen bevorzugen diese Formel ebenfalls.

Bei psychisch bedingtem unregelmäßigem Herzschlag hat sich die Formel »Mein Herz arbeitet ruhig, gleichmäßig und sicher« bewährt. Das Herz mit Frieden in Verbindung zu setzen empfinde ich persönlich sehr harmonisch: Mein Herz schlägt locker und zufrieden.

Wenn Sie wieder einmal Zweifel an der Wirksamkeit Ihrer Übungen haben: Machen Sie einfach noch einmal die »Zitronenübung« von Seite 10.

Hallo, mein Herz, wie geht es dir?

Ihr Herz wird auf diese seltene Anrede genauso erstaunt reagieren wie Sie. Wann haben Sie sich zuletzt liebevoll um Ihr Herz gekümmert? Meistens spüren wir unser Herz bei Anstrengungen, Fieber oder Aufregung. Jetzt in der Entspannung sollen Sie Ihr Herz aufspüren und sich ihm annähern. Ein großes Dankeschön für sein selbstloses Schlagen, auch in schwierigen Momenten, kann eine geeignete Kontaktaufnahme sein. »Sprechen« Sie mit Ihrem Herzen, hören Sie seiner Antwort, dem Herzschlag, neugierig zu. Der Volks-

Spezialtipp !

Denken Sie in dieser Woche zusätzlich zu den AT- Übungen häufiger an Ihr Herz. Widmen Sie sich ab und zu Dingen, die Ihrem Herzen gut tun. Ihr Herz wird Sie dafür reich belohnen!

Denken Sie daran, Sie hängen die jeweils neue Übung immer an die bereits erlernten und bekannten Übungen an. Ihr Übungsprogramm für die kommende Woche umfasst jetzt 3-mal täglich:
- *Die Vorbereitungsphase*
- *Die Ruhetönung*
- *Die Schwereübung*
- *Die Wärmeübung*
- *Die Herzübung (Textform 1.–6.)*
- *Zurücknahme!*

mund kennt mit seinen treffenden Formulierungen schon lange die zentrale Stellung des Herzens und seinen enormen Anteil an der Gesamtpersönlichkeit: »Er hat ein großes Herz und strahlt viel Herzlichkeit aus«, »Das Herz war den Belastungen nicht gewachsen«, »Es wird mir warm uns Herz«, »Mir schlägt das Herz vor Angst bis zum Hals.«

Wie spüre ich mein Herz?

Der aktive Weg, Ihr Herz zu spüren, können ein paar Kniebeugen sein. Der passive Weg: Legen Sie Ihre rechte Hand auf Ihr Herz oder spüren Sie den Pulsschlag, der ja die Arbeit Ihres Herzens anzeigt, an einer anderen Stelle auf (an der Halsschlagader oder legen Sie die Fingerkuppen von Daumen und Zeigefingern ganz locker aufeinander). Mit der Zeit werden Sie Ihren Herzschlag dann spontan wahrnehmen.

Der Übungsbeginn

Lesen Sie erst wieder die Übung.
- Bequeme Haltung einnehmen. Augen zu.
- Richten Sie Ihre Konzentration liebevoll auf Ihr Herz. Legen Sie zur Unterstützung Ihre rechte Hand auf Ihr Herz und hören Sie seinem zuverlässigen Schlagen zu. Lassen Sie vor Ihrem geschlossenen Auge ein Bild von Ihrem Herzen entstehen (Kinder malen immer ein rotes Kinderherz oder ein Lebkuchenherz). Schauen Sie der Arbeit Ihres Herzens zu, wie es Ihren Energieträger, das Blut, in den linken Arm schickt, in den rechten Arm schickt, in das rechte Bein schickt, in das linke Bein schickt. In der Vorstellung und dem Wissen, dass Ihr Herz gesund ist, sagen Sie zu sich selbst: Mein Herz schlägt ruhig und gleichmäßig (3-mal).
- Zurücknahme!

Die Wirkung und mögliche Störfaktoren

Die Wirkung der Herzübung: Durch die Herzübung wird der Kreislauf unterstützt und die Durchblutung gefördert. Wie erwähnt werden »Stressablagerungen« auf dem Herzen vermieden. So stellt

diese Organübung eine Vorsorge und Verhütung von Herzinfarkten dar. Es lassen sich auch Herzkrankheiten mit AT günstig beeinflussen, doch Übung und Einstellung dürfen nur unter fortwährender ärztlicher Kontrolle vorgenommen werden.
Mögliche Irritationen: Überschießende Reaktionen können kurzfristiges Herzrasen oder ungewohnte Herzempfindungen sein. Bei einem gesunden Herz sind diese Nebenerscheinungen von kurzer Dauer. Wichtig! Auf keinen Fall dürfen Sie Ihr Herz langsamer oder schneller schlagen lassen! Alle Autoren müssen auf dieses Verbot hinweisen, also tue ich es auch. Aber ehrlich gesagt, ich habe noch nie jemanden von meinen Kursteilnehmern erlebt, der auf diese absurde Idee gekommen ist. Also Sie, mein lieber »Kursleser«, natürlich auch nicht.

Die Mitverantwortung für das harmonische Zusammenspiel der Organe, der Zellen und Nerven zu übernehmen sollte ab heute Ihr verbindlichster Vertrag mit sich selbst sein.

5. Übungswoche – Atem

Machen Sie wieder eine kurze Wochenbilanz. Ist das AT schon zu einem festen Bestandteil Ihres Tages geworden? Konnten Sie negative Gedanken manchmal durch lebensbejahende Vorstellungen austauschen? Wenn ja, weiter so. Es könnte besser sein? Ganz einfach: Sie beginnen jetzt sofort mit dieser Umstellung.

Die Atemübung

Sie beginnen heute mit der Atemübung des AT. Die neue Formel lautet:

- Atmung ganz ruhig und gleichmäßig.
- Es atmet mich.
- Es atmet mich.

Unsere Atmung gehört zu den Funktionen, die auf der einen Seite automatisch ablaufen: Wir atmen auch, wenn wir schlafen. Bis zu einem gewissen Grad können wir willentlich Einfluss nehmen; wir sind in der Lage, für einige Zeit die Luft anzuhalten oder auch ganz intensiv ein- und auszuatmen. Mit der AT-Atmung lernen Sie, sich Ihrer Atmung zuzuwenden, ohne sie willentlich zu beeinflussen. Sie schauen Ihrer eigenen Atmung in der Entspannung einfach zu. Machen Sie sich zunächst einmal den körperlichen Vorgang Ihrer Atmung bewusst. Mit jedem Atemzug nehmen Sie Sauerstoff in Ihrem ganzen Körper auf. Einatmen ist ein aktiver Vorgang mit Muskeltätigkeit. Mit jeder Ausatmung geben Sie verbrauchte, mit Kohlendioxyd beladene Luft aus Ihrem Körper ab. Ausatmen ist ein passiver Vorgang, bei dem die Muskeln entspannen. Deshalb bevorzugen viele AT-Trainierte, die AT-Formeln mit der Ausatmung »einzugeben«. Bevor der Körper nach neuem Sauerstoff verlangt, findet eine kurze Atempause statt, und dann beginnt der Ablauf erneut.

Der Übungsbeginn

Lesen Sie wieder den vorgeschlagenen Text und machen dann die Übung:

Ihr Übungsprogramm für die kommende Woche umfasst jetzt 3-mal täglich:
- *Die Vorbereitungsphase*
- *Die Ruhetönung*
- *Die Schwereübung*
- *Die Wärmeübung*
- *Die Herzübung*
- *Die Atemübung (Textform 1.–6.)*
- *Zurücknahme!*

- Bequeme Körperhaltung. Augen zu.
- Richten Sie Ihren inneren Blick auf Ihre Atmung. Lauschen Sie in Ruhe auf das Auf und Ab Ihres Atems. Der Atem kommt und geht, wie er will. Manchmal ist er stärker, manchmal schwächer. Manchmal spüren Sie den Atem nur oben im Inneren der Nase. Manchmal füllt der Atem den gesamten Bauchraum. Lassen Sie all das geschehen und folgen Sie nur Ihrem Atemprozess. Lassen Sie ein Bild entstehen und unterstützen Sie so die passive Atembewegung. Vielleicht mit der Vorstellung eines wogenden Kornfeldes, durch das der Wind streift, oder des Auf und Ab von Meereswogen (Einatmung: Die Welle kommt; Ausatmung: Die Welle zieht sich zurück). Lassen Sie los, was schwer ist, und sagen Sie zu sich selbst: Atmung ganz ruhig und gleichmäßig. Bis hin zu dem Erleben: Es atmet mich, es atmet mich.
- Zurücknahme!

Ganz passiv bleiben

Sicherlich verstehen Sie jetzt die am Anfang fremd klingende Formulierung »Es atmet mich«. Die passive Einstellung wird mit dieser Ausdrucksweise unterstützt. Die Atemübung wird sehr gerne in die

AT-Formeln eingewoben, ähnlich wie in unsere Textform die Ruhetönung »Ich bin ganz ruhig, ruhig und gelassen«. Das heißt nach jeder Grundübung können Sie zusätzlich einmal einflechten: Es atmet mich. Versuchen Sie es doch einmal. Weitere bewährte Atemformeln finden Sie auf der Umschlaginnenseite.

Wirkung und mögliche Störfaktoren

Die Wirkung der Atemübung: Sie vertieft die Gesamtentspannung des Körpers. Es findet eine allgemeine Beruhigung der Atembewegung statt.
Mögliche Irritationen: Falls Sie aus anderen Entspannungsverfahren Atemübungen kennen, versuchen Sie eine gesunde Mischung für sich zu finden. Es kann sein, dass Sie Ihren Atem allumfassend erleben. Diese kleine Körpersensation kann für Sie sehr beruhigend, aber vielleicht auch ungewöhnlich und bedrohlich sein. Sie arbeiten dann eine Zeit lang mit dem Begriff »gleichgültig«.

Anfangs kann es sein, dass Sie trotz besseren Wissens aktiv Einfluss auf Ihre Atmung nehmen, mit zunehmender Sicherheit schaffen Sie es, sich Ihrer Atmung zu überlassen.

Tipps und Tricks

Bleiben Sie in kritischen Momenten des Tages einfach einmal stehen und nehmen ein oder zwei tiefe Atemzüge. Auf die Ausatmung »setzen« Sie die Formel »Jede Ausatmung vertieft die Ruhe (den Überblick, die Gelassenheit, die Harmonie)«.
Machen Sie mal zwischendurch in unbeobachteten Momenten einen ganz tiefen Stoßseufzer und unbedingt bei der Ausatmung einen richtig lauten Ton. Ein tiefer, bewusster Atemzug wirkt wie ein kleines Wundermittel, Ihr Geist darf sich dabei auch einmal so richtig herzhaft ausstrecken.

6. Übungswoche – Bauch

Herzlich willkommen zur sechsten Übungswoche AT. »Mache einen kleinen Umweg, wenn du es eilig hast.« Diesen Satz hat ein Kurs-Teilnehmer mir als seinen Leitsatz verraten, vielleicht gefällt er Ihnen ebenfalls als Motto für diese Woche.

Das Sonnengeflecht

Sie beginnen heute mit der AT-Übung für das Sonnengeflecht. Die neue Formel, auf die Sie sich konzentrieren, lautet:

- Mein Sonnengeflecht ist strömend warm.
- Mein Sonnengeflecht ist strömend warm.
- Mein Sonnengeflecht ist strömend warm.

Was verbirgt sich hinter dem klangvollen Namen »Sonnengeflecht«? Das Sonnengeflecht, besser bekannt unter dem Namen Solarplexus, ist der größte Nervenknoten des Bauchraumes. Es liegt an der hinteren Bauchwand, etwa in der Mitte zwischen Nabel und unterem Teil des Brustbeins.

Wie bei der Wärmeübung des AT findet bei der Bauchübung eine Erweiterung der Blutgefäße im Oberbauch statt. Dadurch wird u. a. der Stoffwechsel angeregt und Vorsorge für viele Störungen im Magen- und Darmbereich getroffen, wie zum Beispiel Durchfall, Verstopfung, Verhütung von Magengeschwüren.

Auch Kinder reagieren auf Angst oder Stress häufig mit Magen- und Darmproblemen. Für sie kann daher auch die Sonnengeflechtsübung besonders hilfreich sein (siehe »AT für Kinder«, S. 86 ff.).

Empfindsam – das »Bauchgefühl«

Der Bauchbereich ist ein weiterer Sammelpunkt für emotionale Empfindungen, viele Menschen fangen Stress mit Organen des Bauches ab. Magen- und Darmbeschwerden stehen dabei an erster Stelle. Der Volksmund weiß es wieder treffend zu beschreiben: »Es bleibt mir die Spucke weg«, »Es verschlägt mir den Appetit«, »Das liegt mir wie ein Stein im Magen«, »Ich bin sauer auf dich«, »Dir ist eine Laus über die Leber gelaufen«.

Tiefschläge haben Folgen

Ich will Ihnen an einem Beispiel verdeutlichen, wie hoch sensibel das Sonnengeflecht reagiert. Stellen Sie sich einmal vor, jemand boxt Sie auf den rechten Oberarm. Aua und ein blauer Fleck sind wahrscheinlich das Resultat. Ein gezielter Schlag in die Magenkuhle verschlägt Ihnen nicht nur den Atem, eine Ohnmacht ist nicht selten die Folge. Also: Es lohnt sich, diesem Bereich besondere Aufmerksamkeit zu schenken.

Der Übungsbeginn

Lesen Sie wieder den folgenden Text und machen Sie dann die Übung.

- Bequeme Ruhehaltung. Augen zu.
- Richten Sie Ihre Konzentration auf Ihr Sonnengeflecht. Legen Sie zur besseren Wahrnehmung eine Hand auf den Bauch. In dem Wort Sonnengeflecht steckt das schöne Wort Sonne. Stellen Sie sich vor, in Ihrem Bauchraum geht ganz langsam Ihre eigene kleine angenehm wärmende Sonne auf. Senden Sie die Sonnenstrahlen dorthin, wo Sie Entspannung und Wärme brauchen. Spüren Sie, wie mit jeder Ausatmung warme Energie in Ihren Bauchraum strömt. Sagen Sie zu sich selbst: Mein Sonnengeflecht ist strömend warm. Mein Sonnengeflecht ist strömend warm. Mein Sonnengeflecht ist strömend warm.
- Zurücknahme!

Die Wirkung und mögliche Störfaktoren

Die Wirkung der Sonnengeflechtsübung: Nervöse Reize, die sich auf den Bauch niederlassen wollen, werden abgefangen und unwirksam gemacht. Es kommt zu einer besseren Durchblutung der Bauchorgane, allgemeine Ruhigstellung ist das Ergebnis. Wenn sich Ihr Stressorgan im Bauchraum befindet (Galle, Milz, Magen, Sexualorgane), »sprechen« Sie das Organ mit einer geeigneten Formel direkt an, wie: »Mein Darm arbeitet sicher und gut« oder »Meine Galle bleibt ruhig und faul«.

Mögliche Irritationen: Wenn es Ihnen dauerhaft zu warm im Bauchraum wird, schwächen Sie die Formel wieder ab und ändern auf: ...ein wenig warm, oder: ...angenehm warm.

Spezialtipp

»Sprechen« Sie in dieser Woche ab und zu mal mit dem ein oder anderen Organ. Wenn Sie ganz gut »zuhören«, bekommen Sie auch bestimmt eine Antwort.

Tipps und Tricks

- Weitere Hilfsmittel: Trinken Sie einmal ganz bewusst auf nüchternen Magen ein heißes Getränk. Die angenehme Wärme, die sich im Bauchraum ausbreitet, können Sie bald ohne Getränk mit der Bauchübung herbeiführen.

Ihr Übungsprogramm für die kommende Woche umfasst jetzt 3-mal täglich:
- *Die Vorbereitungsphase*
- *Die Ruhetönung*
- *Die Schwereübung*
- *Die Wärmeübung*
- *Die Herzübung*
- *Die Atemübung*
- *Die Sonnengeflechtübung (Textform 1.–8.)*
- *Zurücknahme!*

- Übrigens: Glucksende und kullernde Geräusche zeigen die Entspannung von Magen und Darm an. Sie treten häufig schon zu Beginn des AT-Trainings auf. Ein hörbarer Hinweis, dass sich die Entspannung schon ausgebreitet hat.
- Wichtig! Wenn Sie die Bauchübung nach dem Essen anwenden, erzielen Sie gute Erfolge, weil der Bauch dann sowieso gut durchblutet wird, um Speisen zu verdauen. Das zur Verdauung benötigte Blut wird aus dem Kopf und den Körpermuskeln abgezogen, nach dem Motto: »Ein voller Bauch studiert nicht gern.« Haben Sie aber niedrigen Blutdruck, sollten Sie einen anderen Übungszeitpunkt wählen, um einer Kreislaufschwäche vorzubeugen.

Der dösende Dickdarm

Eine Episode: Ich werde nie vergessen, wie mich die Bauchübung einmal in eine peinliche Situation gebracht hat. Als ich vor 20 Jahren das AT erlernte, saß ich mit meinen Kollegen in einem nüchternen Klinikraum, als wir vom Chefarzt erfuhren, dass eben alle Organe bei vorliegenden Störungen direkt anzusprechen sind. In dieser eher steifen Atmosphäre stößt mich mein Kollege an und flüstert mir zu: »Ich hab's verstanden! Mein Dickdarm döst.« In die andächtige Stille hinein musste ich daraufhin so laut lachen, dass ich natürlich eines strafenden Blickes gewürdigt wurde. Ich weiß heute nicht mehr, wie ich mich aus der Situation gerettet habe.
Viele Jahre später traf ich in der Klinik auf einen Patienten, der unter psychisch bedingten Durchfällen litt, seine Lebensqualität war dadurch sehr eingeschränkt. Während unserer Gespräche saß er mir depressiv verstimmt und missmutig gegenüber. Ich erzählte ihm irgendwann von der oben geschilderten Geschichte. Ich weiß es wie heute, der Patient sprang auf, holte, ohne mich zu fragen, Zettel und Kugelschreiber von meinem Schreibtisch und schrieb sich den Satz »Mein Dickdarm döst« auf. Sein erstes Lachen in unserem gemeinsamen Kontakt hat mich sehr angerührt. Er schloss seine Therapie erfolgversprechend ab. Die Therapie und sein Leitsatz verhalfen ihm zum Abklingen seiner Symptome.

7. Übungswoche – Stirn

Wie haben Sie die vergangene Woche verbracht? Konnten Sie manchmal auf die Sprache Ihres Körpers hören und sind Alltagsbelastungen gelassener und stressfreier begegnet?

Die Stirnkühleübung

Sie lernen heute die letzte Standardübung des AT kennen. Die neue Formel lautet:

- Meine Stirn ist angenehm kühl.
- Meine Stirn ist angenehm kühl.
- Meine Stirn ist angenehm kühl.

Die beruhigende und entspannende Wirkung wird mit dieser Formel noch verstärkt. Da der Kopf ohnehin gut durchblutet ist, soll mit der Stirnkühle eine Reduzierung des Wärmeempfindens erreicht werden. Bei der Wärmeübung habe ich das schon erwähnt.

Ob es sich nun bei diesen Veränderungen um ein eher psychisches Phänomen oder, wie neueste Untersuchungen ergeben haben, um tatsächliche Körperveränderungen handelt, wird noch immer weiter untersucht.

Aufregung entsteht im Kopf

Es hat sich aber sehr bewährt, dem Kopfbereich in der Entspannung besondere Beachtung zu schenken. Der Kopf reagiert bei vielen Menschen sehr empfindlich auf Stress und Aufregung.

Im Sprachgebrauch heißt es da: »Behalte einen kühlen Kopf, aber ein warmes Herz«, »Mir zerspringt der Schädel.« Ein kluger Satz lautet: »Den Kopf halt kühl, die Füße warm, das macht den besten Doktor arm.«

An dieser alten Weisheit wird deutlich, dass Kopfkühle schon immer als förderlich für die Gesundheit angesehen wurde. Wenn jemand ohnmächtig wird, öffnen wir die Fenster. Nach einem ausgedehnten Spaziergang in der Sonne empfinden wir die Kühlung des Gesichtes als sehr angenehm.

Die Kopfübung bewirkt nicht nur eine angenehme Kühleempfindung der Stirn, sondern eine allgemeine Entspannung der verkrampften Gesichtsmuskulatur – das macht sich auch beim Blick in den Spiegel positiv bemerkbar!

Spezialtipp

Entlasten Sie Ihren Kopf in der nächsten Zeit mal häufiger. Lassen Sie unwichtige Gedanken einfach entfliehen. Kleidungsstücke, die nicht mehr passen, liegen ja auch nicht in Ihren Schränken und nehmen der passenden Kleidung Platz weg. Oder?

Der Übungsbeginn

Lesen Sie wieder den folgenden Text und machen Sie danach die Übung:

- Bequeme Körperhaltung. Augen zu.
- Wandern Sie mit Ihrer Konzentration dorthin, wo Ihre Gedanken entstehen, in Ihren Kopf. Machen Sie sich bewusst, woran Sie gerade denken. Freunden Sie sich nach und nach mit Ihrem Kopf an. Vielleicht bitten Sie Ihre Gedanken, sich für einige Zeit auszuruhen, weil Sie etwas Neues ausprobieren möchten. Stellen Sie sich jetzt einmal vor, Sie sitzen auf einem Fahrrad (Mofa, Motorrad) und fahren einen kleinen Berg hinunter. Sie spüren den Wind, wie er Ihren Kopf frei macht und kühlt. Sie sagen zu sich selbst: Meine Stirn ist angenehm kühl. Meine Stirn ist angenehm kühl. Meine Stirn ist angenehm kühl.
- Zurücknahme! Fahrrad anhalten.

Hilfsmittel und Abwandlungen

Vielleicht ist diese Übung anfangs etwas ungewöhnlich, weil Sie nicht wie bisher auf bekannte Körperempfindungen zurückgreifen können. Aber mit einiger Übung und noch ein paar Hilfsmitteln wird die Stirnkühle schnell wahrgenommen. Ein hilfreicher Trick einer Kursteilnehmerin, die Schwierigkeiten mit der Umsetzung der Stirnkühle hatte: »Bevor ich mit den AT-Übungen beginne, lege ich für kurze Zeit meine Stirn an ein Fenster. Das klappt prima, weil ein Fenster immer kühler ist als die umgebende Raumtemperatur. Nach kurzer Zeit erinnerte sich mein Körper auch ohne diese Vorbereitung an den Zustand der Stirnkühle. Meine Fenster bleiben sauber und meine Stirn kühl.«

Ich liebe immer solche kreativen, selbst erfundenen Hilfsmittel. Sie lösen den Formelinhalt sehr schnell aus, weil sie auf Eigenerfahrung beruhen. Weitere beliebte und wirkungsvolle Formeln:

- Mein Kopf ist frei und unbeschwert.
- Mein Kopf ist klar und frisch.
- Stirnfalten wie weggeblasen.

Die Wirkung und mögliche Störfaktoren

Die Wirkung der Stirnkühle: Der Kopf, unsere »Dauerdenkzentrale«, wird mit der Stirnübung entlastet. Die Formel rundet das AT-Programm ab.

Mögliche Irritationen: Wie immer, bei überschießender Reaktion entweder die Formel abschwächen oder mit dem Begriff gleichgültig arbeiten. Das kann bei auftretendem Schwindel sinnvoll sein, bei Gesunden eine vorübergehende Erscheinung.

Tipps und Tricks

- Wichtig! Probieren Sie aus, ob Ihnen die Stirnkühle abends beim Einschlafen gut bekommt: Haben Sie das Gefühl, Sie sind eher wacher als müde, lassen Sie die Übung am Abend aus dem Programm fallen.
- Ändern Sie die Formel nie auf: »Stirn eiskalt«: Spannungskopfschmerzen können die Folge sein. Eigentlich auch logisch, Sie wollen sich ja nicht örtlich betäuben, sondern nur eine angenehme Brise auf Ihrer Stirn oder im Gesicht verspüren.
- Wenn Sie zu psychisch bedingten Kopfschmerzen neigen, wissen Sie bestimmt schon aus eigener Erfahrung, was Ihnen in solchen Momenten gut tut. Gehen Sie eher zum Kühlschrank und kühlen den Kopf mit einer Kühlkompresse? Oder heizen Sie Ihr Körnerkissen auf, legen es sich in den Nacken und empfinden dabei ein wohltuendes Nachlassen des Schmerzes? Richtig ist hier, was Ihr Gefühl sagt und was Ihnen gut tut.
- Gehören Sie zu den seltenen Fällen, die eher Wärme als Kühle am Kopf bevorzugen, hat es sich bewährt, diese Wärme vom Nacken aus aufsteigen zu lassen. Erprobte Formeln sind: Nacken, Schultern warm und weich; oder: Mein Nacken ist angenehm warm; selten auch: Stirn angenehm warm.
- Natürlich gibt es auch andere Körperempfindungen, bei denen die Konzentration auf Kühle gute Wirkung erzielt. Ich möchte hier wieder an Zahnschmerzen erinnern. Leiden Sie unter Krampfadern, ist eine bewährte Formel: Beine angenehm kühl, Füße warm.

Ihr komplettes Übungsprogramm für die kommende Woche umfasst inzwischen die vollständige Textform (Seite 50, 1.–10.). Herzlichen Glückwunsch!

Zusatzübungen

und Leitsätze

Herzlichen Glückwunsch! Sie haben sich das Trainingsprogramm des Autogenen Trainings »einverleibt«. Ist die Zeit reif, wenden Sie sich den erfolgversprechenden Zusatzübungen des AT zu.

Die Kurzform des AT

Sie haben sicherlich bei der ein oder anderen Übung festgestellt, dass sich die Formel-Wirkung schon einstellt, wenn Sie nur an die Übung denken. Vergleichbar mit einem Lichtschalter: Sie schalten, und sofort wird es hell oder dunkel – Sie denken an Schwere, schon ist Ihr Körper schwer.

Die zentralen Begriffe reichen aus

Das ist Ihr Verdienst, weil Sie regelmäßig trainiert haben! Sie können jetzt ab und zu die Kurzübung des AT anwenden. Dazu werden die zentralen Begriffe aus den Hauptformeln »gepickt« und im Atemrhythmus eingegeben. Ganz einfach: Sie holen sich in Ihrer Vorstellung mit der Einatmung z.B. die »Schwere« in Ihren Körper. Mit der Ausatmung lassen Sie die Schwere in Ihren Körper fließen. Der nächste Atemzug gilt dem Eingeben der »Wärme« usw.

Ein Formelbeispiel

- Geeignete Körperhaltung. Augen zu.
- Ruhe (ein herzhafter Stoßseufzer)
- Schwere
- Wärme
- Herz ruhig
- Atmung (fließt)
- Sonnengeflecht (warm)
- Stirn (kühl)
- Ruhe (Stoßseufzer)
- Zurücknahme!

Die Kurzformeln des AT sind als Notlösung gedacht. Üben Sie immer wieder die Normalform, um die Reflexbahnen des AT zu festigen.

Ideal bei Zeitmangel

Einige Hinweise zur Kurzübung: Am besten hängen Sie die Kurzübung zu Beginn einfach an die Vollübung an. Weil Sie dann ja sowieso schon entspannt sind, treffen die »Formelwörter« auf fruchtbaren Boden. Die Wirkung eines »richtigen« Stoßseufzers haben Sie ja bereits kennengelernt (siehe Seite 67).

Der Vorteil der Kurzübung: Sie können die Kurzübung »kurz« mal zwischendurch einschieben, wenn Sie nicht viel Zeit zur Verfügung haben. Befinden Sie sich in einer vorübergehenden psychischen oder körperlichen Krise, kann es nützlich sein, sich auf die Kurzübungen zu beschränken. Besser kurz als gar nicht trainieren. Sie erzielen mit der Kurzübung ungefähr 30 Prozent der Gesamtwirkung, immerhin, und das mit nur einigen Atemzügen.

Auch Spitzensportler fangen nach einer Verletzung wieder mit verkürzten Trainingszeiten an.

Spezielle Teilübungen

Sie haben im Laufe der Zeit immer mehr Sicherheit im Umgang mit dem AT erworben. Sie sind in der Lage, die Gesamtentspannung jetzt mühelos herbeizuführen. Dann können Sie mit Teilübungen überraschende Erfolge erzielen, manchmal sogar die Gesamtentspannung auslösen. Klingt unwahrscheinlich, denken Sie jetzt vielleicht. Aber hätten Sie noch vor ein paar Monaten gedacht, dass Sie in der Lage sind, Ihre Blutgefäße zu beeinflussen?

Jede AT-Übung lässt sich, wenn Sie genug üben, losgelöst vom eigentlichen Übungsprogramm anwenden. Es gibt auch harmonische Kombinationen.

So wird gerne der Atem mit der Schwereübung verbunden. Oder die kalten Füße werden vor dem Einschlafen warm gestellt, mit der Vorstellung eines inneren warmen Fußbades oder dem Fließen des warmen Atems bis in die Fußspitzen.

Spezialtipp

Im Unterkiefer sitzen viele unerledigte und unterdrückte Gefühle, häufig wird dort Wut und Ärger festgehalten. Es wird behauptet, das Zermahlen der Gefühle findet in der Nacht in Form von Zähneknirschen seinen Höhepunkt. Bringen Sie Ihre Gefühle dort unter, wo Sie hin gehören. Ihr Kiefer ist kein guter Platz.

Die Entspannung von Unterkiefer und Zunge

Ich möchte Ihnen an dieser Stelle eine Zusatzübung vorstellen: die Entspannung von Unterkiefer und Zunge. Sie lesen wieder den Text und realisieren dann die Übung:

- Beißen Sie einmal Ihre Zähne aufeinander und tasten Sie dabei Ihren Unterkiefer ab. Sie fühlen gerade Ihre stärksten Muskeln, die Kaumuskeln. Lassen Sie nun die angespannten Kaumuskeln wieder los und spüren so die Entspannung. Die Zähne berühren sich jetzt automatisch nicht mehr.
- Auch unsere Zunge, ein Muskel, soll bei dieser Übung entspannen. Drücken Sie die Zunge einmal fest gegen Ihren Gaumen und spüren so die Spannung. Lassen Sie nun die Zunge wieder ganz locker und entspannt in den Unterkiefer sinken. Sagen Sie zu sich selbst: Unterkiefer und Zunge sind ganz schwer. Unterkiefer und Zunge sind ganz schwer. Unterkiefer und Zunge sind ganz schwer.

Wenn Ihnen die Zusatzformel gefällt, schieben Sie die Übung einfach vor oder hinter die Stirnkühle.

Die Entspannung des Schulter- und Nackenfeldes

Heute lernen Sie die Schulter-Nacken-Übung kennen. Ich liebe diese Teilübung. Ich schätze die Übung als Kraftquelle in meinem turbulenten Tagesablauf. Ich nutzte sie zum Umschalten von einer Situation auf die andere. Ich habe die Übung immer bei mir.

Sie erinnern sich, mit den bisherigen AT-Übungen sind sehr sensible, stressanfällige Bereiche angesprochen worden. Der Schulter- und Nackenbereich darf sich hier ohne zu fragen hinzugesellen. Im Sprachgebrauch wird dies wieder sehr eindrucksvoll festgehalten: »Ich breche noch unter dieser Last zusammen«, »Das lastet schwer auf meinen Schultern«, »Sei nicht so halsstarrig«, um nur einige Beispiele zu nennen.

Wichtig

Erwerben Sie zuerst Sicherheit in allen »AT-Räumen« und wenden Sie erst dann die Kurzform an. Sonst laufen Sie Gefahr, durch die einzelnen Räume zu hasten, und werden sich nicht wohl fühlen.

Der Übungsbeginn

Lesen Sie den folgenden Text und machen Sie dann die Übung.

- Bequeme Liegehaltung. Augen zu.
- Konzentrieren Sie sich auf Ihren Schulter- und Nackenbereich. Ziehen Sie Ihre Schultern mit der Einatmung ganz hoch, dann den Schultergürtel passiv, ganz langsam mit der Ausatmung am Brustkorb niedergleiten lassen (Einatmung: Die Formel heranholen; Ausatmung: Die Formel eingeben). Sagen Sie zu sich selbst: Schultern-Nacken warm und weich.
- Geben Sie alle Muskeln frei, die in dieser Region angespannt sind. Lassen Sie in Ihrer Vorstellung alle Last und Mühe aus Ihren Schultern weit wegfließen.
- Die gleiche Übung können Sie im Sitzen oder Stehen ausführen. Die Formel lautet dann: Schultern hängen angenehm schwer oder: Schultern schwer, ich bin ganz ruhig.

Tipps und Tricks

Sehr hilfreich! Die Übung können Sie überall, sogar während eines Gespräches ausführen. Je nach Gesprächspartner sehr ratsam. (Aber Vorsicht. Nicht benutzen, um dauerhaft eine Aussprache zu vermeiden.) Übungsdauer: Nur eine verlängerte Ausatmung!

Wollen Sie die generalisierende Wirkung dieser Übung nicht ganz so »kühl« spüren, lassen Sie sich doch mal Ihren Nacken kraulen und massieren! Ich weiß, das hat nicht nur bei Hunden und Katzen »generalisierende«, also allumfassende, entspannende Wirkung.

Machen Sie sich die Sonderstellung des Schulter- und Nackenbereiches einmal anhand eines Tests deutlich: Legen Sie ein Eisstückchen beispielsweise auf Ihren Oberschenkel, Sie werden nur lokal Kälte empfinden.
Legen Sie aber das Eis auf eine Schulter, werden Sie an der gesamten Körperhälfte einen Kälteschauer bekommen – ein deutlicher Beweis für die vielen Nerven in diesem Bereich.

Die Anwendung von Leitsätzen

Oder »Ich male den Engel an die Wand«. Der Ausspruch ist Ihnen fremd? Sie kennen nur »Du malst ja den Teufel an die Wand«. Mit dem Einsatz von Leitsätzen im AT malen Sie in Zukunft den Engel an die sprichwörtliche Wand! Wie soll das funktionieren, denken Sie? Ganz einfach, wie Sie es bisher beim AT gemacht haben, mit der Macht Ihrer Gedanken!

Alte Bekannte

Leitsätze sind für Sie nichts Neues, sie begleiten Sie bewusst oder unbewusst Ihr ganzes Leben lang. Werden Leitsätze ständig wiederholt, sind sie oft tief in unserem Inneren verwurzelt. Negative Leitsätze können Störungen oder sogar Krankheiten auslösen. Positive Leitsätze stärken das Selbstvertrauen und geben Kraft und Mut.
Beispiele für negative Leitsätze:

- »Jungen weinen nicht« (Schmerzunterdrückung)
- »Bemüh dich erst gar nicht, das schaffst du nie« (Resignation, Antriebsarmut)
- »Streng dich an, leiste viel, nur dann haben wir dich lieb« (Liebe über Leistung)

Beispiele für positive Leitsätze:

- »Du schaffst das schon, wir glauben an dich« (Lob und Unterstützung)
- »Du bist ein selbstbewusstes Kind« (Selbstvertrauen)
- »Wir sind für dich da« (Vertrauen)

Solche Suggestionen (= Beeinflussungen) aus unserer Kindheit bestimmen häufig noch unsere Handlungen im Erwachsenenalter. Denken Sie beispielsweise an so unsinnige Sätze wie: »Mach das nicht, was sollen denn die Leute dazu sagen!« Solche und ähnliche Leitsätze veranlassen uns manchmal, Dinge zu tun, mit denen wir uns überhaupt nicht identifizieren. Viel positiver ist da der Leitsatz: Ich kenne meinen Wert und lebe unbeschwert.

Lästige Gewohnheiten abwerfen

Bei den Leitsätzen im Autogenen Training handelt es sich um Autosuggestionen (= Selbstbeeinflussung). Wenn Sie sich jetzt mit den Leitsätzen beschäftigen, werden Sie verstehen, dass AT nicht nur der Entspannung und Vitalisierung von Körper, Geist und Seele dient. Durch den Einsatz von Leitsätzen, die im versenkten Zustand des AT eingegeben werden, können Sie störende Angewohnheiten bei sich verändern, wenn Sie wollen, sogar grundsätzlich schädigendes Verhalten korrigieren. Ich möchte Ihnen einige Beispiele von mir persönlich erzählen.

Verstärkung für viele Situationen

Seit 18 Jahren bin ich Nichtraucherin. Ich wollte nicht mehr rauchen, mit dem Einsatz meines Leitsatzes »Nicht rauchen macht mich stolz und frei« habe ich mein Ziel erreicht. Sie können mich nachts um 4 Uhr wecken und mir eine Zigarette anbieten, der Satz ist sofort abrufbereit.

Mit individuellen Leitsätzen habe ich mich intensiv auf die Geburt meiner drei Kinder vorbereitet. Während der Schwangerschaft half mir: »Ich bin dick und rund, mein Kind ist gesund!« Alle Geburten erlebte ich schnell und bewusst mit der vorher geübten Formel: »Ich setz mich auf die Welle (= Wehe), dann geht es auf die Schnelle.«

Einen letzten aktuellen, persönlichen Leitsatz verrate ich Ihnen noch: »Ich mache jetzt CD und Buch, nach den Produkten jeder sucht.« Sie merken, nicht jeden Ihrer Leitsätze sollten Sie verraten, er spiegelt schon etwas von Ihrer Persönlichkeit wider.

Ich hoffe, Sie sind neugierig auf den Gebrauch von Leitsätzen geworden. Ich werde Ihnen die häufigsten Fragen zur Anwendung von Leitsätzen beantworten.

Wie funktionieren Leitsätze?

Leitsätze werden in die Versenkung »eingegeben« und wirken dann automatisch. Wie bei einem Medikament: Sie wenden es an und warten auf die Wirkung. Ein kleiner Rückblick auf die Hypnose, die Vorläuferin des AT. Werden in der Hypnose Befehle gegeben, dann werden diese ausgeführt, auch wenn die Hypnose beendet ist. Das funktioniert auch beim AT.

Sie stellen sich den ausgewählten Leitsatz intensiv vor, wie bei den AT-Formeln, und lassen dann den Formelinhalt geschehen. Der größte Feind eines Leitsatzes ist Ihr eigener Zweifel. Sie müssen lernen, an sich selbst zu glauben, sonst prallen Leitsätze wirkungslos an Ihnen ab. Die Sätze werden Ihr Innerstes dann niemals berühren. Werfen Sie also Ihre Zweifel über Bord und finden Sie Zugang zu Ihrer inneren Kraft.

Wie baue ich einen Leitsatz auf?

Sie suchen sich zuerst ein Ziel. Beginnen Sie mit einer Kleinigkeit, die Sie verändern möchten.

- Überlegen Sie sich einen kurzen, knappen Satz, der Ihr persönliches Ziel beschreibt. Basteln Sie sich Ihren eigenen Leitsatz.
- Wählen Sie eine neutrale, besser eine positive Formel. Kinder lieben und erfinden auch gerne negative Formeln, wie z.B.: »Kopfschmerzen sind nicht fein, drum schick ich sie in die Hölle rein.« Manchen Erwachsenen verhalf genau diese Formel zu der gewünschten Wirkung.
- Formulieren Sie im Hier und Jetzt.
- Benutzen Sie zu Beginn nie mehrere Leitsätze zusammen.

Ich bin sicher, Sie sind vom Einsatz und von der Wirksamkeit individueller Leitsätze genauso fasziniert wie ich. Haben Sie ein Lieblingsgedicht? Oft enthalten solche Favoriten ganz persönliche Leitsätze.

Welche sprachliche Form ist wichtig?

Richtig ist hier, was Ihnen gefällt und sich am besten einprägt. Sie können stilistisch frei auswählen. Sie können reimen oder kurze knappe Formeln einsetzen.

Lustige Sprachgebilde sind genauso möglich wie poetische. Ich werde Ihnen ein buntes Sortiment anbieten.

Wie lange ist ein Leitsatz gültig?
Es gibt Leitsätze, die ein Leben lang Gültigkeit haben. Denken Sie an meinen Nichtrauchersatz. Bestimmt haben Sie auch Verhaltensweisen, die Sie dauerhaft abstellen wollen. Demgegenüber stehen zeitlich begrenzte Leitsätze, z.B. bei Prüfungen, während einer Schwangerschaft. Der Leitsatz verliert seine Bedeutung, wenn die Aufgabe abgeschlossen ist.

Wann und wie oft benutze ich einen Leitsatz?
Neue Leitsätze prägen sich am besten vor dem Einschlafen ein. Die Formeln fallen dann auf einen besonders durchlässigen Boden. Sie hängen Ihren Leitsatz dann entweder an die AT-Übungen an (also: Ruhe, Schwere, Wärme, Organübungen, Leitsatz, Rücknahme) oder ziehen ihn wie einen roten Faden durch das Übungsprogramm (Ruhe, Leitsatz, Schwere, Leitsatz, Wärme, Leitsatz usw.).

Natürlich können Sie Leitsätze auch losgelöst von den AT-Formeln benutzen. Rufen Sie sich Ihren Satz so oft es Ihnen richtig und wichtig erscheint in Ihr Bewusstsein.

Wie lange dauert es, bis ein Leitsatz wirkt?
Diese Frage ist nicht allgemein gültig zu beantworten. Wenn Sie Vertrauen in die Macht Ihrer eigenen Gedanken haben, werden Sie Ihre Selbstheilungskräfte sehr schnell aktivieren. Aber eines scheint mir aus meinen klinischen und privaten Erfahrungen mit Menschen ganz sicher: Der Weg in eine psychosomatische Erkrankung ist meist lang und steinig. Wenn Sie aber konsequent, zielstrebig und gelassen den Weg aus der eigenen Misere anstreben, ist das Ziel schnell erreicht. Positive Leitsätze unterstützen Sie bei Ihrem Vorhaben, sie wirken, einmal »eingenommen«, wie Selbstläufer.

Woran merke ich, ob ein Leitsatz richtig oder falsch ist?
Ganz einfach: an der Wirkung. Ein Beispiel: Sie haben sich genau überlegt, dass es wichtig ist, Ihre Post (Brief, Bank, Steuern) zu erledigen. Ihr Leitsatz heißt: »Ich erledige meine Post.« Stellen Sie fest, dass Ihr Papierkram nach Tagen immer noch unbearbeitet daliegt, haben Sie es entweder nicht ernst gemeint, oder der Satz war

zu ungenau und muss vielleicht heißen: »Ich setze mich jetzt dran, weil ich das kann.« Ich habe vor meiner tatsächlichen Raucherabstinenz auch nur geklagt und nichts verändert.

Über unsinnige Veränderungen und Gestaltungen von Formelinhalten haben wir bei der Herzübung (siehe Seite 65) gesprochen. Ich persönlich gestalte Leitsätze gerne in Reimformen, auch wenn es nicht immer ganz perfekt klingt, nach dem Motto: »Reime dich, oder ich fresse dich« – Hauptsache, es hilft.

Kann ich Fehler bei der Auswahl machen?

Es gilt bei der Auswahl von Leitsätzen das gleiche wie beim AT. Der gewünschte Zustand ist Inhalt der Formel. Ungünstiges Beispiel: »Ich werde irgendwann ein selbstbewusster Mensch werden« – der Körper glaubt Ihnen diese Absichtserklärung nicht. Besser: »Ich bin ich und ich bin wertvoll.« Ihr Körper spürt, dass Sie es ernst meinen.

Wozu setze ich Leitsätze ein?

Die Einsatzmöglichkeit von Leitsätzen ist unbegrenzt: Wann immer Sie etwas erreichen, ändern, unterstützen, verbessern, erfinden wollen. Auf den Umschlaginnenseiten finden Sie Leitsätze zu verschiedenen Anwendungsgebieten. Sie sollen Ihnen als Anregungen dienen, eigene individuelle Wegbegleiter zu entwerfen. Sie finden eine Auswahl bewährter Oldtimer, die ihre Wirkung schon vor Jahrzehnten bewiesen haben und heute immer noch tief in unser Innerstes eindringen. Daneben finden Sie individuelle Formeln; viele davon sind von meinen Kursteilnehmern entworfen und werden erfolgreich angewendet. Denken Sie daran: Sind Sie chronisch krank oder haben eine akute Erkrankung mit unklaren Beschwerden psychischer und physischer Art, wie im Kapitel Psychosomatik beschrieben, reden Sie mit dem Arzt Ihres Vertrauens. Stimmen Sie danach den Einsatz von Leitsätzen auf die aktuelle Situation ab.

Entspannung und Aktivierung

- Ruhe und Entspannungsformeln: Von der stabilisierenden Haltung von Ruhe und Gelassenheit sind Sie jetzt sicherlich überzeugt. Sie finden auf den Umschlaginnenseiten allgemein gültige Ruheformeln. Machen Sie sich eine zu Eigen.

- Den Tag begrüßen: Eine häufige Aussage meiner Kursteilnehmer ist: »Morgens brauche ich noch kein AT, da bin noch frisch.« Denken Sie daran, gerade in so einem Zustand finden Leitsätze und Formeln einen guten Untergrund. Als Morgenmuffel sollten Sie vitalisierende Formeln anwenden.
- Rund um den Schlaf: Bei Schlafstörungen treffen meist mehrere Faktoren zusammen. Wir schenken dem Schlaf zu viel Aufmerksamkeit. Wir liefern uns dem Schlaf nicht mehr aus. Wir haben eine Fehleinstellung zum nächsten Tag. Sie erreichen einen gesunden Schlaf, wenn Sie Ihre Einstellung zum Schlaf verändern.

Spezialtipp

Fühlen Sie sich am Morgen schon dem Tag hilflos ausgeliefert, wählen Sie unbedingt aktive, lebensbejahende Sätze, sonst verläuft der Tag nach altem, grauem Strickmuster.

Angst und Anspannung begegnen

- Der Angst begegnen: Wenn die Angst ein bestimmtes Maß übersteigt, ist meist die Hilfe eines Psychotherapeuten nötig. Keine Angst mehr vor der Angst zu haben ist häufig das angestrebte Ziel einer Therapie. Einen geeigneten Leitsatz bei sich zu tragen kann Sicherheit vermitteln und unterstützen.
- Grübeln beenden: Die Beeinflussung Ihres persönlichen Denkens ist von unermesslicher Bedeutung. Bringen Sie Ihre Gedanken unter Ihre Kontrolle und nehmen Sie das Steuer selbst in Ihre Hand. Ob Sie sich sagen: »Das ist mir wie immer zu schwer«, oder: »Ich schaffe es!« – Sie bestimmen die Richtung.
  Um das zu erreichen, müssen Sie negative Gespräche mit sich selbst beenden. Wenn Sie es ernst meinen, am besten sofort. Grübeln bedeutet immer, sorgenvollen, bedrohlichen Gedanken nachzuhängen. Ein Ende ist nicht in Sicht, Sie drehen sich im Kreis. Grübeln ist Gift für Ihre Gesundheit, Schlafstörungen und depressive Verstimmungen sind oft die Folge.
- Selbstwertgefühl stärken: Den eigenen Wert erkennen und stabilisieren kann richtig Freude machen. Dazu ist es wichtig, dass Sie Ihr negatives »Rabattmarkenbuch« aus Ihrer Vergangenheit finden und entsorgen. Heute gibt es keinen Pfennig mehr für diese Sammlung. Reißen Sie jede einzelne Marke heraus und ersetzen Sie diese nach und nach in Ihrem Inneren.

Nachdenken ist ein zielgerichteter Vorgang, bei dem Sie eine Lösung anstreben. Nachdenken heißt, aktiv nach Veränderungen suchen (frische Luft in einen ungelüfteten Raum lassen); Grübeln bedeutet, im »Mief« sitzen zu bleiben und sich innerlich über den Gestank zu beschweren.

- Prüfungsformeln: Eine weiter Domäne des AT ist sein Einsatz vor und während Prüfungen. Ziel kann hierbei etwa sein, alle Reize auszuschalten, die nicht zum Prüfungsvorgang gehören. Das Entspannen der Nerven. So genannte »Black-outs« verhindern.
- Sprachstörungen: Nachdem Sie sich intensiv mit dem Hintergrund und der Entstehung Ihrer Sprachstörung beschäftigt haben, suchen Sie sich einen unterstützenden Leitsatz aus.

Körperliche Beschwerden

- Hautformeln: »Die Haut als Spiegel der Seele« ist ein häufig gebrauchter Ausspruch. Die Haut, unser »flächendeckendes Organ« gibt unsere Stimmung nach außen wieder. Unterdrückte Aggressionen schaden der Haut ebenso wie Berührungs- und Kontaktangst.
- Atemformeln: Die Atmung findet sich in vielen Leitsätzen wieder. Die Atmung unterstützt die Eingabe der Formeln im Autogenen Training. Bei Schmerzzuständen entgleist die Atmung oft, ebenso bei Angst- und Panikattacken. Durch gelernte Leitsätze können Sie die Atmung dann wieder in die richtige Bahn lenken. Atemformeln haben häufig entängstigende Wirkung.
- Magen- und Darmbeschwerden: Bei der Bauchübung haben wir schon über diesen sensiblen Körperbereich gesprochen. Häufigen Beschwerden können Sie mit Leitsätzen vorbeugen.

Bei Schmerzen sind die Muskeln häufig verspannt oder verkrampft. Die Entspannung der Muskulatur kann den Teufelskreis Schmerz – Verkrampfung – Angst auflösen helfen.

Schmerzen und Wechselwirkungen

- Hilfe bei Schmerzen: Das vegetative Nervensystem und unser Schmerzempfinden hängen zusammen. Da Sie mit Hilfe des AT Ihr Nervensystem beeinflussen, sind Sie auch in der Lage, Schmerzzustände zu beeinflussen. Ob Kühlstellung oder Wärme gut tun, richtet sich wie erwähnt nach der bestehenden Erkrankung und Ihrem subjektiven Empfinden.
- Spannende Verbindungen: Häufig treten in bestimmten Situationen alte vergessene Symptome wieder auf: Hautausschlag, Stottern, Unsicherheit, Allergien usw. Wenn Sie in Leitsätzen Sicherheit erworben haben, sind einzigartige Kombinationen möglich.

Das Richtige für Arbeit und Freizeit

Sie können mit der richtigen Formel Ihre persönliche Arbeitshaltung unterstützen. Je nachdem, ob Sie eher zu viel tun oder phlegmatisch sind, ob Sie schlecht abschalten können oder unzufrieden mit sich sind. Vielleicht gehören Sie zu den Menschen, denen es schwer fällt, von Arbeit auf Freizeit umzuschalten. Das Ergebnis ist dann nicht selten, dass Sie sich auf beides nicht richtig freuen und einlassen können.

Neben dem richtigen Leitsatz und der Entwicklung eines gesunden Denkmusters können Rituale hilfreich sein. Beispiel: Wenn Sie aus Ihrem Auto aussteigen, geben Sie beim Zuschlagen der Autotür Ihren Leitsatz ein. Spüren Sie noch keine Wirkung, wiederholen Sie den Vorgang mehrere Male. Lachen ist ein gutes Zeichen, dass Sie dem gewünschten Zustand näher kommen.

Oder: Beim Aufhängen Ihrer Jacke oder Ausziehen Ihrer Schuhe vertiefen Sie Ihren Leitsatz. Gelingt es nicht beim ersten Mal, ziehen Sie sich wieder an und wiederholen Sie den Vorgang, bis Ihre Arbeit für den Tag an dem sprichwörtlichen Nagel hängt. Bestimmt fallen Ihnen eigene Rituale ein. Viel Spaß.

Leitsätze und verschiedene Süchte

Sucht ist die Abhängigkeit von Mitteln, die den Zustand verändern. Jede Sucht dient dazu, persönliche Mängel auszugleichen. Die Vielschichtigkeit einer Suchtentwicklung lässt sich meist nur in einer Therapie bearbeiten. Sozial auffällige Süchte sind z.B. Alkohol, Rauchen, Spielen, Essen (nur bei Fett- und Magersucht). Weniger auffällig, aber genauso isolierend sind Bulimie, Fernsehsucht, Putzsucht, um nur einige zu nennen. Erschreckend ist der Zuwachs von Beziehungssucht über den Heimcomputer.

Damit diese Leitsätze wirken können, ist Einsicht in eine notwendige Veränderung ein absolutes Muss. Das heißt, das Suchtmittel darf nicht mehr missbräuchlich eingesetzt werden. Die Abstinenz von dem ausgewählten Suchtmittel muss das Ziel sein (bei Essstörungen ein gesunder Umgang mit Nahrungsmitteln).

Bei Süchten werden auch manchmal so genannte Aversionsformeln eingesetzt. Sie sollen die negative Verbindung zum Suchtmittel ins Gedächtnis rufen, sie dürfen aber keinesfalls dazu dienen, den eigenen Selbstwert in Frage zu stellen.

Autogenes Training

für Kinder

Kinder sind viel erlebnisfähiger und phantasievoller als wir Erwachsenen. Sie finden so spielend leicht den Zugang zum Autogenen Training. Kombinationen mit bildhaften Vorstellungen setzen die meisten Kinder ohne Schwierigkeiten um.

Warum Kinder AT üben

Eigentlich gilt das, was Sie für sich gelesen haben, auch für Kinder. In meinen Kursen finden Kinder zusammen, die motiviert sind, eine Entspannungs- und Konzentrationsmethode zu erlernen. Die Motivation geht dabei immer vom Erwachsenen aus, mit dem Ziel, dem

Kind in der schnelllebigen Welt Hilfen zum Rückzug in sich selbst anzubieten. Die größere Anzahl von Anmeldungen sind kleine oder große Hilferufe. Konzentrationsschwächen und psychosomatische Beschwerden wie Schulstress, Bettnässen, Bauch- und Kopfschmerzen, Nägel kauen, Konzentrationsschwächen, Selbstunsicherheit sind die häufigsten Gründe für die Teilnahme. Frage ich meine Kurskinder, warum sie einen AT-Kurs besuchen, ist die häufige Antwort: »Meine Mama hat gesagt, ich kann damit lernen, mich besser zu konzentrieren und zu entspannen.«

Wie das Mädchen auf der Abbildung können sich Kinder noch ganz mühelos über einem Spiel verlieren und ihre Umgebung völlig ausblenden. »Träum nicht mit offenen Augen!« heißt dann leider oft die Rüge der Erwachsenen, und oft geht diese Fähigkeit wieder verloren.

Die Familienstruktur muss bekannt sein

Noch wichtiger als in Erwachsenenkursen ist eine möglichst transparente Familienstruktur für meine Arbeit. Ein Beispiel: Ich arbeitete über einige Wochen mit einem sehr nervösen und unkonzentrierten Jungen. Das innere Getriebensein wich nicht, die Übungen zeigten keinerlei Erfolg. Nach erneutem längerem Gespräch mit der Mutter eröffnete sie mir, dass der Vater des Jungen vor zwei Jahren gestorben war, sie selbst sich mehreren lebensbedrohlichen Operationen unterziehen musste. Die Ängste des Jungen wurden verständlicher. Er ist auch heute noch nicht die Ruhe in Person, kommt aber in größeren Abständen gerne und ausgeglichener zu den Kursterminen.

Es geht nicht nur um Schulnoten

Manchmal sind die Erwartungen der Eltern an die Wirkung des Autogenen Trainings zu hoch geschraubt. Das AT soll dann in erster Linie helfen, die schlechten Zensuren zu verbessern. Natürlich wollen die Eltern so ihren Kindern einen festen Platz in unserer Leistungsgesellschaft sichern. Aus einem Kind ist aber auch nicht mehr herauszuholen, als in ihm steckt, aber das ist eine ganze Menge. Es sind nicht immer die in unserer Gesellschaft so hoch angesehenen Fähigkeiten, die ein Kind mit Hilfe des AT festigt. So lege ich großen Wert auf die Stärkung eines gesunden Selbstwertgefühles und die Entwicklung von kreativen und sozialen Fertigkeiten.

Wenn wir gemeinsam dafür sorgen, dass die wundervolle Fähigkeit der Kinder zur bildhaften Vorstellung erhalten bleibt, brauchen wir uns um eine emotionale Verarmung, wie sie leider heute häufig anzutreffen ist, nicht zu sorgen.

Die Bedeutung der Kursleiterin in Kinderkursen

Viel entscheidender als bei Erwachsenen ist für Kinder die Person, die eine Methode vermittelt. Gelingt es mir, dass der »Funke überspringt«, wird auch das AT schnell akzeptiert, und ich brauche nur das einmal entfachte Interesse weiter zu schüren. Diesen unschätzbaren Vorteil im Kontakt mit Kindern sollten sich alle, die mit Kindern arbeiten, zu Nutze machen. Leider steht heute die Wissensvermittlung immer an erster Stelle, die Fähigkeit zur zwischenmenschlichen Auseinandersetzung bleibt ein Stiefkind. Kinder spüren viel deutlicher als wir, ob es jemand erst meint und bei der Sache ist oder nur lieblos einen Stoff vermittelt. Sich dieser hoch sensiblen Fähigkeit der Kinder zu stellen und sie ernst zu nehmen ist eine große Bereicherung für uns Erwachsene.

Ab welchem Alter »wirkt« das AT?

Kinder erlernen das AT sehr schnell. Sie sind mit Bildern und Vorstellungen rasch zu erreichen. Ihr unerschöpflicher Wissensdurst lässt sie für Neues offen sein. Man kann schon sehr früh, im Kindergartenalter, beginnen, sie spielerisch mit Entspannungsübungen bekannt zu machen. Von einem selbstständigen Erlernen des Autogenen Trainings kann natürlich noch nicht die Rede sein. Etwa ab Schulbeginn versuche ich, die drei Basisübungen für die Kinder erfahrbar zu machen. Ohne die intensive Unterstützung eines Erwachsenen zu Hause ist selbstständiges Üben des AT aber noch nicht möglich. Sehr gute Erfahrungen habe ich gemacht, wenn bereits die Mutter, der Vater oder eine andere wichtige Bezugsperson des Kindes die Methode kennt. Ein Nacheifern und »erwachsener« Austausch erhöhen deutlich die Motivation des Kindes. Auch umgekehrt finden Erwachsener und Kind gemeinsam Interesse am Verfahren. Merken Erwachsene die positiven Veränderungen bei ihrem Kind, wollen sie sehen, was genau dahinter steckt, und belegen einen Erwachsenenkurs. Sie können sich vorstellen, wie stolz und kritisch ein Kind die Veränderung beim Erwachsenen beobachtet.

Da Kinder eher selten aus eigenem Leidensdruck heraus handeln, wird die »Diagnose« immer vom Erwachsenen gestellt. Machen Sie doch mit, wenn Sie denken, dass Ihrem Kind AT gut täte. Gemeinsame Trainingszeiten und Kontrolle der Übungszeiten sind dabei besonders beliebt.

Sinnvoll – der Einstieg vor der Pubertät

Selbstständiges und verantwortungsvolles Trainieren ist in der Regel ab dem neunten oder zehnten Lebensjahr möglich. Ab diesem Alter werden auch die Organübungen mit ins Übungsprogramm einbezogen. Die Kinder profitieren von der Methode, sie spüren, wie wichtig und erholsam ein Abstand von ihrem Alltag sein kann. Ich bin immer wieder selbst erstaunt, wie erfinderisch Kinder im Schaffen von eigenen Ruheplätzen sind.

Ein schwieriges Einstiegsalter ist die Pubertät. Der Druck der Eltern ist in diesem Alter am stärksten. Häufiges Absacken der Schulnoten, rebellisches Verhalten, Stimmungsschwankungen lassen die Eltern nach Hilfsmitteln Ausschau halten. Natürlich ist das AT genau die richtige Methode, den Jugendlichen ein zusätzliches sicheres Netz zu schenken. Aber mal ehrlich, verstehen Sie nicht auch erst heute die vielen guten Ratschläge, Angebote und Sorgen Ihrer Eltern?

Haben Jugendliche in einem früheren Alter die AT-Übungen bereits erlernt, greifen sie in dieser schwierigen Lebensphase gern darauf zurück und belegen noch einmal einen Festigungskursus.

Schwierig bei Hyperaktivität

Hyperaktive Kinder können mit den AT-Übungen manchmal wenig anfangen. Durch ihre permanente Unruhe und den Drang, sich zu bewegen, empfinden sie das stille Liegen oder Sitzen als Einengung. Bei diesen Kindern wende ich Elemente aus der progressiven Muskelentspannung als Einstieg an. Dabei können die Kinder etwas »tun« und finden trotzdem den Weg in die Entspannung. Das gleiche gilt für traumatisierte und frühgestörte Kinder. Diese Kinder haben meist große Angst, sich auf Neues einzulassen. Ein Eingriff von außen muss zunächst einmal als Bedrohung wahrgenommen und abgewehrt werden. Ein sehr sensibles Vorgehen und die Schaffung eigener Spielräume auf dem Weg in die Entspannung sind ein unbedingtes Muss.

Wie erhält man sich die Motivation eines Kindes?

Durch ständiges Loben von kleinen Erfolgen können Sie zu Hause die Motivation Ihres Kindes in das AT stabilisieren. Ist über diesen positiven Weg ein Bündnis entstanden, darf auch mal wohlwollend

Kritik geübt werden. Wenn ich mit den Kindern die zurückliegende Woche nach einem Kurstreffen bilanziere, lege ich den größten Wert auf die Begebenheiten, in denen das Kind sich nicht an sein Trainingsprogramm gehalten hat. Weil nicht wie in der Schule, schlechte Noten drohen, die eine ehrliche Auseinandersetzung mit einem Kind verhindern, erfahre ich so sehr viel über die Gewohnheiten jedes einzelnen Kindes. Wir suchen dann gemeinsam mit der Trainingsgruppe nach geeigneter Unterstützung.

Zaubersätze für Kinder

Wichtig

Auch für Kinder gilt es, eine Übung immer sorgfältig zu beenden, um negative Begleiterscheinungen zu vermeiden.

Kinder lieben es, mit Leitsätzen = Zaubersätzen zu arbeiten. Sie sind sehr erfinderisch in der Gestaltung. Wie bereits erwähnt, werden von Kindern nicht immer die klassischen Regeln beim Aufstellen ihrer Zaubersätze eingehalten. Aber auch hier gilt: Richtig ist, was hilft. Hier einige erfolgreiche Leitsätze meiner Kurskinder.

Bei unkonzentriertem Lernen:

- Beim Lernen hibbel ich nicht 'rum, ich bin doch nicht dumm.
- Ich bin ruhig, entspannt und froh, das Lernen gelingt dann ebenso.
- Ich bin sicher, ruhig und frei, die anderen stören mich nicht dabei.

Bei Ablenkung durch Mitschüler:

- Beim Lernen sind meine Gedanken stark, beim Spielen komm ich dann in Fahrt.
- Beim Lernen sitz ich auf dem Po, und zappel nicht rum wie ein Floh. (Jan hat diesen Zaubersatz in Plakatgröße in seinem Zimmer platziert. Mit gutem Erfolg.)
- Ich arbeite sicher und konzentriert, weil sonst aus der Freizeit nichts mehr wird.

Kombinationen mit dem eigenen Namen lieben Kinder sehr:

- Ich, die Lina, konzentrier' mich prima.
- Ich, der Klaus, blas den Ärger 'raus.
- Ich, der Paul, muss die andern nicht verhaun.
- Johanna ist ganz schnell, wenn sie das will.

Kopf und Seele werden geöffnet:

- Das andre (Situationen) sind nur Mücken, die kann ich leicht zerdrücken.
- Am Klavier, zähl ich bis vier, dann spielen wir (die Finger). (Von Amrai, 12 Jahre.)
- Ich zähle jetzt bis drei, dann sind die Bronchien frei. (David, heute 12 Jahre, lernte mit diesem Satz erfolgreich. Sein Kortisonspray braucht er nicht mehr.)
- Ich spiele nicht den Clown, ich will mir meine Noten nicht versauen. (Der Gruppenclown Nicole hat sich diesen Satz ausgesucht.)
- Statt Tabletten schlucken, Autogenes Training ohne Mucken. (Petra 13 Jahre, war auf Grund ihrer Nervosität auf sedierende Mittel eingestellt.)
- Ich mach jetzt meine Sache gut, dann hab ich nächstes Mal mehr Mut. (Nora, 14 Jahre, stärkt sich so vor Klassenarbeiten.)

Eine Bezugsquelle für meine Kinderkassette »Autogenes Training und Konzentrationsübungen für Kinder« finden Sie auf Seite 94.

Malen und Phantasiereisen

Sicherlich können Sie meine Vorliebe für selbst gebastelte Leitsätze von Kindern jetzt verstehen. Sie sind häufig von großem Wert für meine »kopflastigen« Erwachsenen.

Um die einzelnen Übungen für die Kinder greifbarer zu machen, lasse ich sie zu den Formeln malen. Alles, was ihnen zu Ruhe, Schwere, Wärme einfällt, ist prima, nach dem Motto: »Erlaubt ist was euch gefällt.« So sind schon schöne Collagen entstanden.

Phantasiegeschichten, in denen das AT eingebaut ist, sind bei den Kindern besonders beliebt. Was Kindern gut tut, verfehlt seine Wirkung auch bei uns Erwachsenen nicht. Da nach meinen Kinderkursen häufig Erwachsene trainieren, profitieren sie noch von meiner »Kinderaura«. Erwachsene reagieren sehr zuverlässig auf gelenkte Phantasiegestaltungen. Das Vorlesen und einfach Genießen scheint dabei besondere Wirkung zu zeigen. Bestimmt auch bei Ihnen. Deshalb machen Sie mit bei der »Reise in die Phantasie« (nicht nur für Kinder) im folgenden Kasten.

Spezialtipp !

Reden Sie mit Ihrem Kind über das sprichwörtliche »Wecken der Lebensgeister«, die Bedeutung von »Mutter Erde«, die Kraft der Sonne. Das »Davonfliegen« bedeutet: Abstand von Problemen gewinnen.

Eine Phantasiereise mit »Konzi«

Eventuell Entspannungsmusik einschalten. Den Text möglichst vorlesen lassen. Bequeme Körperhaltung, Augen zu.

Komm mit auf deine grüne Wiese! Du läufst ganz schnell, um hinzukommen. Der Wind, der beim Laufen um deine Nase weht, bläst alle störenden Gedanken aus deinem Kopf.

Du legst dich auf den Rücken ins grüne Gras und verschnaufst erst einmal. Atme den bekannten Duft um dich herum ein, er weckt deine Lebensgeister. Du schaust in den Himmel und träumst. Die Strahlen der Sonne durchdringen deinen Körper, die warme Mutter Erde gibt dir Halt.

Auf einmal hörst du ein dumpfes Geräusch, so als ob jemand klopft. Du bist neugierig, stehst auf und folgst dem Klopfen. Zwischen zwei blühenden Büschen findest du eine Flasche. Das Geräusch und die Flasche sind eins, komisch, denkst du. Vorsichtig hebst du die verstaubte Flasche hoch, und ein lustiger kleiner Kerl blickt dich aus dem Flascheninneren vertraut an. Du bist neugierig und auch ein wenig aufgeregt, als du den Korken der Flasche entfernst. Ein Qualmen und Zischen lässt dich ein wenig erschauern. Du reibst dir erst einmal deine Augen, aber der Flaschengeist ist immer noch da.

»Hallo Menschenkind, ich bin Konzi, dein Flaschengeist. Willst du mich auf meinem Zauberteppich begleiten? Wer mich findet, hat Glück, denn jetzt gehören wir zusammen und können viele schöne Dinge gemeinsam erleben. Ich beschütze und behüte dich. Ich bin dein Freund, wenn du willst!«

Ganz warm wird es dir um dein Herz, so freundlich und warmherzig klingt seine Stimme. Du schaust neben dich, tatsächlich, ein bunter großer Teppich liegt neben dir im Gras. Der Flaschengeist hat es sich schon darauf bequem gemacht und wartet auf dich. Du legst dich auf den Teppich, und augenblicklich durchströmt eine Wärme deinen ganzen Körper, du fühlst dich sehr wohl. Du bist gar nicht mehr erstaunt, als der Zauberteppich langsam vom Boden abhebt und höher, immer höher steigt. Du genießt es, so getragen zu werden. Sanft schaukelt der Zauberteppich vom Wind hin und her, hin und her.

»Schau mal dort unten«, sagt mein Freund Konzi, »alles was eben noch groß war, ist jetzt klein. Ich verrate dir ein Geheimnis: Immer wenn du mal Angst hast oder nicht weiter weißt, kommst du zu mir, und wir fliegen davon. Wir sprechen hier oben über deine Probleme, und wenn wir wieder unten landen, ist eine Lösung gefunden. Wenn Du willst, bringe irgendwann auch mal einen von deinen Erwachsenen mit. Aber nur, wenn du ihm vertrauen kannst, sonst ist mein Zauber nicht mehr wirksam. Nun lass uns auf unserem Teppich noch ein paar Minuten ausruhen. Spürst du auch die Wärme der Sonne? Fühlst du die Leichtigkeit des Windes?«

Nun bittest du deinen Flaschengeist, mit dir zurückzufliegen. Alles unter dir wird klarer und deutlicher. Du erkennst deine grüne Wiese unter dir und die zwei blühenden Büsche, das Versteck deines Flaschengeistes. Sanft, ganz sanft landest du auf der Erde. Etwas erschöpft von dem Ausflug verabschiedest du dich von deinem Freund. Der macht es sich in seiner Flasche gemütlich. Du bringst ihn in sein Versteck zurück, und du bist sicher, dass er für dich da ist, wenn du ihn brauchst.

Du legst dich wieder auf deine grüne Wiese und bist müde von der Reise. Alle Muskeln deines Körpers sind entspannt und schwer…, ganz entspannt und schwer. Ruhig geht dein Atem ein und aus, ein und aus. Du träumst noch ein wenig weiter.

Langsam kommst du zum Ende deiner Reise. Ich zähle jetzt von fünf rückwärts und du bist wieder ganz wach.

Fünf! Bewege deine Arme und Beine, sie sind locker und leicht.
Vier! Du bist wieder hier.
Drei! Recke dich und strecke dich.
Zwei! Du holst ganz tief Luft .
Eins! Die Augen auf.

Tschüs, bis zum nächsten Mal.

Anleitung und Gestaltung der CD

Die CD hält für Sie verschiedene Übungsprogramme bereit. Als »Anfänger« müssen Sie aufpassen, dass die CD nicht Ihr selbstständiges Üben ersetzt. Die CD kann Ihnen als Einstieg gute Dienste leisten. Sind Sie bereits gut trainiert, werden Sie den Tonträger als zusätzliche Anregung benutzen. Auf der CD biete ich Ihnen das »Du« an. Durch die vertraute Anrede wird Ihr »inneres Kind« angesprochen. Wiederholungen von Sätzen und Wörtern sind Ihnen ja bereits bekannt, sie verwurzeln sich tief in Ihrem Unterbewusstsein. Sie können diese wie Leitsätze anwenden. Die Ruhepausen ohne gesprochenen Text habe ich bewusst kurz gehalten, um ein Abschweifen der Gedanken zu vermeiden.

CD-Titel

- Dolcefarniente »Süßes Nichtstun« (24.24 Min): In gelenkten Phantasien probt unser Körper Situationen und Begebenheiten für die Realität. Die von mir gewählte blumenreiche Sprache soll Ihre eigene Kreativität entfachen und Sie aus Ihrem Alltag einen Moment lang entführen.
- Textform zum AT ohne Musik (6.49 Min): Die Textform auf der CD entspricht dem Wortlaut, wie Sie ihn bei den AT-Formeln im Buch gelernt haben.
- Schöpferisches AT (20.37 Min): Die einzelnen Übungen des AT werden in diesem Abschnitt schöpferisch und phantasievoll erklärt. Diese Vorgehensweise kann Ihnen helfen, die Grundübungen auf die klassische Version zusammenzuschweißen.
- Ruhebilder: Ruhebilder wirken harmonisierend und beruhigend auf die Einheit von Körper, Geist und Seele. Sie können selbst erlebte Geschehnisse neu aktivieren. Die von mir kreierten Ruhebilder mögen Ihre Sinne ansprechen.
- Kinderkassette; Bezugsquelle: Marita Hennig, Postfach 2339, 57383 Schmallenberg

Register

Die Autorin
Marita Hennig ist ausgebildete Gruppen- und Bewegungstherapeutin. Seit 1978 arbeitet sie für die Fachklinik Bad Fredeburg, die in Deutschland führende Einrichtung für Suchterkrankungen. Die wichtigsten dort angewandten Entspannungsmethoden sind das Autogene Training und die Progressive Muskelrelaxation. Darüber hinaus gibt sie regelmäßig Seminare zu Entspannungsverfahren für Kinder und Erwachsene. Das Wissen, das sie dort vermittelt, basiert auf einem reichen Erfahrungsschatz, den sie in ihrer eigenen Familie gewonnen hat.

Literatur
Übungsheft für das Autogene Training. Prof. Dr. J. H. Schultz, G. Thieme Verlag
Hilfen bei Stress und Belastung. Reinhard Tausch, Rowohlt Verlag
Überleben im Stress. Hannes Lindemann, Heyne Verlag
Praxis des Autogenen Trainings. Dr. Klaus. Thomas, Trias Verlag
Handbuch Autogenes Training. Dr. Bernt Hoffmann, Deutscher Taschenbuch Verlag

Bildnachweis
Umschlagfoto: Rolf Kluge
Bildnachweis: Rolf Kluge S. 74; IFA-Bilderteam/Vision srl S.6; Silvia Lammertz S.48; Heidi Velten S.86; zefa/Sharpshooters S.18/SIS S.32.
Illustrationen: Regina Weltner

Ein großes Dankeschön
Wenn ich vor Schreiben dieses Buches Danksagungen anderer Autoren in ihrem Vorwort gelesen habe, dachte ich immer: Na, ja, das muss jeder wohl machen, das gehört dazu. – Ich habe aus tiefer Überzeugung jetzt eine andere Meinung entwickelt.
Mein Dank gilt den Mitarbeitern des Midena Verlages. Sie haben mich motiviert den ersten Schritt zu tun.
Danke sage ich all meinen Kursteilnehmern für ihr Vertrauen in die Methode des Autogenen Trainings und in mich als Kursleiterin. Ich durfte an vielen persönlichen Veränderungen und Gesundungsprozessen teilnehmen. Ein Beweggrund, dieses Buch zu schreiben. Meiner Familie gilt ein besonderes Danke schön. Hey, IHR! Durch Teamwork haben wir diese Zeit super gemeistert.

Impressum
Midena Verlag, München

CD Gestaltung: Text u. Sprache: M. Hennig • Technik. H. Mertens
Musik: R. Kamlage • Grafik: R. Kluge

Redaktion: Dr. Marion Ónodi, Planegg
Herstellung: Ina Hochbach
Bildredaktion: Sylvie Busche (Ltg.), Doris Huber
Umschlagkonzeption: Kontrapunkt, Kopenhagen
Gesamtlayout: N 2 – Büro für visuelle Kommunikation, München
Satz und Reproduktion: Uhl + Massopust, Aalen
Printed in Italy

ISBN 3-310-00722-7